UENODESIGN＋YASUSHI UENO

上野　泰　自選集

2019

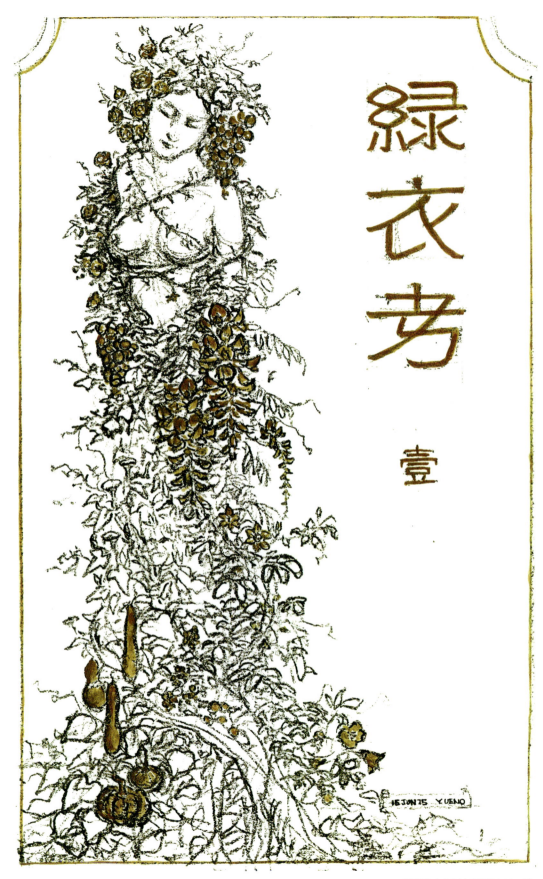

架空の本のための表紙シリーズ
〈緑衣考〉 1975

「"ARCADIA"のための断章」

　それは多分、暖かい地方のたとえば蜜柑畑の中といった、海を見下ろす山腹にあるのだが。
　本道が右手にまわり込むところに小さな大理石の碑があって、左手にわかれる小道があることが知れる。
　碑には小さな金色の文字でARCADIAと刻まれている。小道は巾五尺あまりで、荒い肌の石で畳まれている。
　道はゆるい、ほとんどそれと気づかないほどの下り坂で、わずかに右手に湾曲している。
　あたりは、葉の艶やかな常盤木がびっしりと生え、右手は高く、左手も目よりも少し高い高さで、視界がさえぎられ、目に入るものは緑の壁と、青い空をたまによぎる烏の影のみである。
　道がやがて弧を描いてゆきつくところに、蔦蔓にうずもれたように小さな門がある。
　門は路よりも一段低いところにあって、そこへ降りる石段がある。その門は間口九尺ばかりの門で、傾いた"あーち"状をなして、低い石室のようである。
　門の左手は低く下がり、人が立って通れないほどであり、右手の高いところでも人の背そこそこである。
　門は石で刻まれており、ゆるやかな弧を描く屋根は、土がのせられて、すいかずらが生い繁って、まわりの緑と一体となっている。
　門には、忍び返しのついた龍の姿をかたどった、鍛鉄の扉がついている。門は奥行一間ばかりで、左手の低い側に、小さな泉があって、泉水の上方の屋根に穿たれた明り取りの窓から光が水面に注いでいる。
　照り返しの揺らめく斑紋が、金と青緑色の、"もざいくがらす"の大井にあたって、門のなかは、不思議な明るさに満ちている。
　右手の壁に沿って彫刻をほどこした樫の木の床几がある。そこに腰を下ろして前方を見ると、明り取りの小窓を通して、ちらりとだが、はじめて海が見える。
　そのまま眼を右手に転ずると門の先に数段の石段があり、その先に石畳の小径がゆるくまわり込みながらつづくのが望まれる。路の左手にはさきほどの泉水にそそぐせせらぎが見える。小径が急に右手にまわり込んでいると思われるあたりに小さな石の橋が見える。石橋の手前で水路は小さな滝をつくる。
　橋の向こう側には低い石壁が見え、そこにも、やや大きい滝がある。滝の上流側にも、もう一つの小さな石橋が見える。ちょうど右手にまわり込んだ路が、やがてその橋につづくのだろうと思われる。
　門を出て小径に入る。数段の石段を上がると、路はやや上りとなる。石畳は先ほどの粗い石と代って、大理石片を敷きつめたものとなる。左手水路も、大理石に刻み込まれたものであることがわかる。
　橋を渡って路が右手に折れると、新たな光景が開ける。常盤木の緑の崖の中腹に、白い岩肌が垂直の壁をなし、その中ほどから滝がかかっているのが望まれる。
　路が再び左手にまわり込み、滝との間を目よりも低い繁みが隔てている。右手は二尺余りの石の壁となり、その上に小さな植込みと、さきほどの滝の上流である水路とがあり、その奥にさらに三尺位の石壁があって、その上は緑の壁となっている。
　路が左手にまわり込むと、そこは小さな露台になっていて、右手山側の大理石に刻まれた断崖絶壁から一条の滝が落ち、滝壺からさらに何段かの小滝となって右手のせせらぎへと流れる。大理石の崖は高さ二丈あまりで三つの峰からなり、さまざまな褶曲や割れ目が刻み込まれ、一大奇岩の趣を呈している。
　左手から小さな路が登ってきて、流れに橋が架かる。
　路はやがて岩肌に刻み込まれて上方へつづく。路も橋も、片足でかろうじて立てるくらいの巾しかない。
　滝に背を向けて反対側を見ると、常盤木の海を越してはるかに、青黒く海が臨まれる。
　露台のつきあたりは、土饅頭のような姿の、緑い小山がながれる。近寄ってよく見ると、それは一面蔦のからまった、石造りの建物であることが分かる。
　緑の小山の端をまわりこむようにして数段の石段が、露台から上の方へとつづいている。石段の左手海側は、ふたたび

常盤木で視界がさえぎられる。

　石段を上がると、そこはもう一つ海をみはらす、小さな露台になっていることが分かる。

　右手の小山は、この露台に向かって大きな口を開いている。二本の大理石の柱に支えられたそれは、三つの円天井を持つ小さな洞窟のように見える。

　庇にあたるところに鍛鉄製の棚があって、藤がからんでいる。中に入ると、床も露台と同じ大理石である。

　入り口の小部屋の紫檀の机の上に、大きな黒光りのする瓢箪の花入れが飾ってある。「壷中天」の意であろうか。

　石の腰壁の上は彩色された漆喰である。色彩は秋の紅葉のさまを思わせるものである。天井は低い。

　一隅に小さな木造の部屋があり、茶室となる。

　茶室は二畳で、ほの暗い。床の間にあたるところに縦長の花頭窓があり、その花頭窓からさきほどの滝が一幅の山水画のように望まれる。

　この窓はさきの露台からは見えない位置にある。花頭窓は枠無しの一枚がらすで仕切られる。茶室の壁、天井ともくすんだ銀揉みで貼られ、壁から天井へとなめらかにつづいて角ばった"どーむ"状となっている。

　腰は銀揉みの上から鳥の子でおさえてある。

　花頭窓の前に、紫檀の床板があり、時にはGALLE、時にはTIFFANYの花瓶が、置かれている。

　茶室にはにじり口はなく露台の側は二枚の障子で仕切られる。

　露台の海側には一段下がった、さらに小さな露台がある。

　上の台からは左右の二箇所の階段で下ってゆける。下の露台には大理石の"ほこら"のような小さな建物が、左右の階段にはさまれてある。この建物は、一方を上の段に埋め込んだような形で、海に向かって開いている。

　壁から屋根に至るまで大理石の透かし細工でつくられ、"すてんどぐらす"がはめ込まれ、一種の温室の態をなしている。透かし模様は松をかたどったもので、"すてんどぐらす"も松の絵柄である。

　室は二間四方くらいの広さで、海に望む正面に、二枚のがらす扉があり、このがらす扉もまた松をかたどった"すてんどぐらす"である。

　床は大理石の"もざいく"で、花模様が描かれ、奥の壁は磨かれた伊太利産の緑色の"おにきす"である。

　天井から切り子の飾燈が下がり、昼は日の光を反射させて、夜は灯にかがやき、さながら宝石の中に居るような感を与えている。

　日が落ちる。松の香りがする。上の露台に取って返し、先に進むと露台は数段の石段でおわり、再び小径がつづく。海への眺望はとじられ、見えるものはまた、左右の緑の壁と、頭上の空だけとなる。空はまだ明るい。

　いくつかの屈曲をすぎると、路はやがてほの暗い林の中の小さな"とんねる"に入る。中は暗い。やや登りとなる。"とんねる"を出ると、さきほど見えた大理石の崖の中腹に出たことに気が付く。岩の態も、滝も、橋の姿も、先ほど見た二丈あまりのつくりものそのものの姿であり、この尺度の混乱に一瞬眩暈を覚える。

　思わず上を見上げると、先ほど見た空である。鳶が一羽のんびり浮かんでいる。

　海の方から風が吹いてくる。

　あたりは蜜柑畑である。　■

　　　　　　　　第1稿　　　1978-11-09
　　　　　　　　第2稿　　　1984-05-17

Where do we go?

西新井駅前地区再開発計画（西新井ふれあいタウン）まちなみのイメージ 2002

CONTENTS

- 〈緑衣考〉 2
- 〈ARCADIA のための断章〉 3
- 〈西新井駅前地区再開発計画〉 5
- 序にかえて 7
- 寄稿　1. 深淵なる上野ワールド…荒川 俊介 8
　　　　2. 上野 泰 〜 永遠なるプロフェッショナルの目標像…宮城 俊作 9

Part1/1962−
- 学生時代の課題作品 / 初期習作 /「学会誌」・「都市公園」他 10

Part2/1962−1970
- 多摩 NT 自然地形案 / 港北 NT 基本計画原案他 16

Part3/1970−1980
- 港北 NT グリーンマトリックス / 多摩 NT 落合鶴牧地区他 20

Part4/1980−1990
- 多摩 NT 向陽台地区 / 長池地区 / 西宮名塩 NT 他 34

Part5/1990−2000
- 港北 NT スキップ広場 / 千葉市原 NT / 仙台長町地区他 50

Part6/2000−2010
- 「緑としての建築」/ 草加松原団地駅西側まちづくり他 72

Part7/2010−
- 「6＋αの言葉で探る「計画」と「設計」のはざま」他 92

- 結びにならない結び 116
- 謝辞 120

YASUSHI UENO CHRONOLOGICAL GRAPHICS 122

序にかえて

　この度上野泰さんから、「U&U　上野泰自選集」の序文を書くようにという依頼を受け、原稿を何度も読み返しました。上野さんは大学の先輩であり、最初に出会ったのは、1976年私が勤めていた日本住宅公団の「多摩ニュータウン環境計画（その1）の　検討メンバーに推薦した時で、それ以来私が公団を退職する1998年まで、多摩ニュータウン、港北ニュータウンにおいて多くの仕事を一緒にやってきて、ある程度分かっているつもりでしたが、この本は正直言って私には、簡単に理解することができないことが多く大変でした。そして序文に何を書くべきなのか、ハタと筆が止まって、3か月も経過してしまいました。このようなことで「U&U 上野泰自選集」出版を遅らせることが一番いけないことだと、ようやく「序文」を書くことを止めることに気が付き、「序にかえて」としました。遅きに失した次第です。上野さんと読者予定者に多大なご迷惑をおかけいたしました。お詫び申し上げます。

　皆様にとってこの本が、地球上のデザインをするにあたり、必読の書物であると同時に、上野さんの人となり、デザインを知る上で至上の書物であると思います。

2018年11月12日
　　　大石　武朗

イラスト：森相　文宏

深遠なる「上野ワールド」

荒川 俊介（㈱アルテップ 取締役相談役）

ランドスケープの世界で、上野さんが屈指のデザイナーであることは誰もが認めるところであろう。

門外漢の私でもそれを強く感じる。それだけに、あの「上野デザイン」はどのようなものなのか、今なお大きな関心事である。

上野さんは、緑・自然、建築・都市、それらの総体としての「環境」や「都市空間」について鋭く洞察し思索し、独自の見解・仮説そして哲学を打ち立てる。一方でそれとは全く別に、豊かな知と想像力によって様々にイメージを飛翔させストーリーを紡ぎ出す。

私の勝手な推測では、これらが合わさって、あるいはそれぞれの文脈から、姿かたちが像を結び、それが実体化され、地域の「地」と一体になって新しい風景が生まれる。上野さんは、それぞれが「自分のかたち」を持つ必要性・重要性を、また、誰もが「総合的な都市空間像」を持つ必要性を強調しているが、それはこのような実践に由来する確たる信念ではないかと思う。

こうしたことがらは多分に、それぞれの個人の「宇宙」の問題である。そうであればこそ、自然・都市・環境をトータルに扱うべき我々は、「これを共通言語で他者に伝えることによってしか、目標を共有し協働することはできない…」という上野さんの重要な問題提起も、特段の重みを持って響いてくる。

実際に上野さんは長年、自身の考えやイメージを、ごく普通の言葉で、感嘆するような比喩もしばしば交えて周りに伝え社会に発信し、大きな影響を与えてきた。例えば私の場合、上野さんと面識を得た頃、「混ぜご飯」と「幕の内弁当」という例えで目指すべき街のイメージを語られた。これによってストンと腑に落ち、取り組みのベクトルを明確に自覚できたように思う。このように、上野さんは（ひょっとすれば巧まずして）、優れた啓蒙者・コーディネーターとしての役割も終始発揮されてきた。

「計画と設計の地平は非連続である」という上野語録もまた奥が深そうで興味深い。計画行為と設計行為の本質的な違いを意味していると思うが、上野さんのなかで、「計画」と「設計」はどのような関係にあるのか、「計画」とは何か。いずれ詳しく尋ねてみたい。

このたび刊行された本書は恐らく、こうした深遠な「上野ワールド」の扉を開く一つの手掛かりになるに違いない。それは、上野さんの幅広さと奥深さを探求するための「インデクス」であるばかりでなく、長年の思索と創造の足跡を一つのストーリーとして辿ることができる「物語り」でもあるだろう。

私にとっては更に、色々と考える糧となる「バイブル」でもある。特に、上野さんの思想は、今後の日本の自然・都市・環境に対する新たな見方と、実際の空間計画・設計における展開の可能性を示唆していると感じる。その象徴が「緑としての建築」という概念である。私の理解ではそれは、緑と建築の関係を、本質的には従来の「スケルトン」と「インフィル」の通念を、破壊し逆転する。こうした発想で都市とその構成要素の関係を観念し組み立て直すなら、上野さんが云う「細胞生命体」としての都市内に新たな共生関係を生み出し、より高次の多様性を回復させる新たなシナリオが見つかるかもしれない。ただ、「都市環境の遺伝子治療」という言葉は上野さん流の黙示かもしれないが……。

この書は楽しい画文集でもある。素晴らしいスケッチや実作品を堪能し、その背後にある上野さんの哲学やイメージの世界に思いを巡らせることができる。

上野さんが、尽きない情熱を傾けてこの書を刊行されたことに深い敬意を表しまた感謝したい。この書から少しでも多く学ぶことができればと願い、また、様々に仕組まれている筈の謎かけに悩みながら楽しみたい。

上野 泰 〜 永遠なるプロフェッショナルの目標像

宮城 俊作（㈱プレイスメディア Partner）

　私が上野泰さんの存在を強く意識したのは、昭和58年の日本造園学会全国大会における学会賞受賞者講演の際であったと記憶しています。むろんその名前は学部学生時代から知ってはいましたが、具体的な活動とその背景にある思想に触れたのははじめてのことでした。当時、京都大学大学院に在籍しつつ米国留学を目前にひかえていた私にとって、ランドスケープがニュータウン開発事業を先導する様は実に新鮮であったし、また、米国で学ぼうと志していたことが、例外的なものであったとしても、日本で実現可能な状況にあると確認できたことは、異郷に赴く自分自身を鼓舞するに十分刺激的なものでした。

　帰国後、千葉大学に奉職した私は、そこで再び上野さんに出会うことになります。今度は、氏自身による2年間にわたる大学院の講義をコーディネートする役回りだったのですが、ほぼ、受講する学生と同じ気持ちであったことが、昨日のことのように思い出されます。講義では初年度にオープンスペースを都市デザインにおける最も有効なツールのひとつとして定義し、その意義や手法について歴史的なレビューを行っておられました。続いて2年目には上野の実務経験の中から、主に多摩ニュータウンおよび港北ニュータウンをケーススタディとしてとりあげ、プランニングとデザインの統合がどのような要素と手法によって実現されるべきかを論じたものでした。誰がどう見ても、都市デザインに関わるランドスケープアーキテクチュアのありかたを真正面から論じたものであり、このプロフェッションの本流と呼ぶにふさわしい内容でした。もう少しだけ詳しくみてみましょう。

　上野さんが「ストラクチャリング」（structuring）、即ち「構造化」と呼ぶ手法では、第一義的に空地つまりヴォイドであるというオープンスペースの特性を活かして、まずは対象空間の中にヴィスタラインによる視覚的関係が構築されます。さらに、公園緑地という都市施設が本来的に有する土地の形状（ランドフォーム）と各種公園施設や植栽等のモノとしてのソリッドな形態の特性が具体的なデザインの対象となり、それらの連続体が構造を強化するわけです。ここにおいて、プランニングとデザインの統合が一人あるいは一組の主体によってはたされる契機がうまれてきます。プランニングはシステムと数量を提案すること、デザインはそれらに物理的形態を与えること、この両者は別人格の主体が行っても問題はなく、むしろそのほうが望ましい・・・などと宣う大学教員やお役人がいて、そのことにきわめて懐疑的であった私は溜飲を下げることができたことを憶えています。フィジカルプランニングとデザインは、やはりひとつの人格のもとで遂行されるべきである、これはほとんど確信に近い思いでした。

　仮に、大学という場を通じて知己を得ることが師弟関係の必要条件であるとすれば、おそらく、この時が上野さんと私をつなぐ唯一の機会であったことでしょう。しかし実際には、過去30年余にわたるランドスケープの設計・計画の実務を通じて、私の視線の先にはことあるごとにプロフェッショナルとしての氏の存在が見え隠れし、追いかけ続けても、とうてい辿りつくことのできない高みに上がっていくように感じてしまったことがつい先日のこと、いや現在でもなおそうであるように思います。つまり、上野さんは今なお私にとってデザイナー、プランナーの目標像であり続けており、ふりかえればこれまでに様々な機会を通じてうけた薫陶の数々が、まさに氏をもって師と仰ぐにふさわしい内容を有していたことを実感できます。この度の自選集の出版は、目指すべきプロフェッショナルとしての上野泰さんの上に、またひとつのハッキリとした像を結んでくれているように感じています。

Part1/1962−

「風景の力」

アルベール・カミュの「幸福な死」の一節。「その家を、『世界を望む家』と呼んでいた。どこもかしこも風景に向かって開かれたその家は、世界の色とりどりの乱舞の上できらめく、大空に吊るされたゴンドラのようであった。ずっと下の方の完全な曲線を描いた湾からは、一種の爆発が、草木と太陽をかき混ぜ、松の木と糸杉を、埃まみれのオリーヴの木とユーカリを、家のすぐ下まで運んでくるのだった。こうした贈り物のまっただなかには、白いエグランチーヌやミモザが、あるいはすいかずらが、季節に応じて咲き誇っていたが、たとえばすいかずらは、夏の夕暮れの中に、その香りを家の方々の壁から存分に立ちのぼらせていた。」(「幸福な死」 高畠正明訳 新潮文庫)

私はこの文を読むと元気が出る。その描かれた情景を思い浮かべるだけで、幸せになり、勇気が湧き出るような気がしてくる。もし人の欲望が条理であるとするならば、世界は不条理そのものであり、それゆえ人は世界から疎外されたと思い込む。カミュは言う。「人は自分が世界から除外されたと信じている。だがこうした身内の抵抗感が解けてなくなるには、黄金色の埃にまみれたオリーヴの木がすっくと立ち、あさの陽の光を浴びて目もくらむような海岸があるだけでじゅうぶんなのだ。」(「太陽の賛歌」 高畠正明訳 新潮文庫)「風景」の持つ力をこれほどまでに力強く語った言葉を私は知らない。

泰 1歳 1939

泰 都立小石川高校3年 1956
十和田ホテル カミュを知った頃

風景は主体と世界の幸福な時を思い起こさせ、世界と和解させる力を持つ。「主体と世界の幸福な時」とはまさに「原風景」の"時"である。

この時を奥野健男は「世界と自分が同化する、完全に主客未分化の世界」(「間の構造」集英社)と呼んだ。しかし、カミュのイメージは奥野が語る「生誕の家」のイメージ(「文学のトポロジー」河出書房新社)の持つ、現実世界の一切に背を向けて浸りこむ、退嬰性とはなんと対照的であることか。現実世界の不条理にまっすぐ立ち向かい、一切を肯定しようとする「世界との和解」があり、その契機としての「風景の力」が説かれているのだ。風景は人に勇気を与え、生きる力を与える。そしてしばしばその風景は、このような言葉で描かれた風景であったり、アニメやファンタジー映画の中の風景であったりもする。しかし何よりも現実の風景が、より大きな力を持ち得るはずなのだ。とするならば、風景に関わる生業を持つ者にとって、たとえたった一人にせよ、自らの関わった風景が、誰かに生きる希望と勇気を与えることができ、その風景を振り返って「Et in Arcadiaego」と呟いてもらえるとしたら、これほどの幸せはないであろう。■

第11回都市デザインフォーラム・関西
「かたちと関係の風景デザイン」2002−10)
都市環境デザイン会議関西ブロック 2002

■ON YOUR MARK

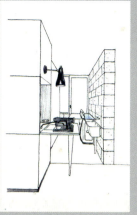

住宅のためのスタディ 1955
高校2年の時の習作

泰 1961 千葉大学造園学科在学中

西巣鴨の庭
（両親の家）1958
R.B.Marx の影響が強く見られる

60-R7 1960 住宅の庭のためのスタディ

「石綿スレート使用の住宅競技設計」1960（上・下）
第2部第2等賞 兄斌との共作 泰は千葉大学に在学中
下：コンペの結果を伝える「日刊工業新聞」1960・11・11

「SINJUKU 01」1961 園芸学部学部祭出品作品
都市及び地方計画研究室のメンバー共作，上野泰，
苗木垣、清水政雄、中島宏、都筑直樹、益田栄成

■市川市里見公園計画 1959

1. 今日のわれわれの都市生活は非常な混乱の中にあり、著しくそのバランスを欠いていることは諸方面に於いて機会ある度に指摘されてきた。

   「われわれの研究した都市の大部分は今日混乱の様相を呈している、これらの都市は住民の生理的、且、心理的な根本的欲求を満足させるというその使命を全然果していない。」
   （CIAM　アテネ憲章）

   そして、公園、緑地の問題もその大きな問題の一つであると言えよう。ことに、後者の問題は都市全体の緑化が要求され、単に公園内の問題としてのみ解決することはできない。

   緑は都市全体に共通の要素である。公園のみが緑につつまれた特殊な地域ではない。

   広く生活空間が緑地であり、公園はその中にあって、人々が集り交流する広場—現代のAGORAでありPIAZZAである。（中略）

4. 敷地が形づくる2つの直交する軸を考えよう。
   東に人々の集まりとスポーツの施設を、西に静かな森と知識と芸術の場を、そして両者をプロムナードがつなぐ。（中略）

8. 首都圏整備計画はねりなおしだという。日比谷公園の地下駐車場のうえは広場をやめて大芝生になり、上野公園には大噴水をつくるという。

   都市計画はなおざりにされ、公園は本来の姿はどこへやら、ヨーロッパの亡霊にとりつかれて芝生だ、噴水だと人々をしめ出しつつある。東京は混乱の本家のような姿で、日一日と、その姿をかえつつある。

   江戸川一つ隔てたここ市川もその嵐にまきこまれつつある。しかし、まだここには可能性が残されている。

   提案しよう！　人々の生活センターとなるこの新しい公園を！

   （千葉大学造園学科公園設計
   実習課題作品　説明文
   指導教官　福富久夫助教授）

—市川市里見公園計画（1959）—

「都市公園」No.27　1961・4

公園東側には施設エリア、西側には保全エリアが設定され、両者をデッキ状のプロムナードが結ぶ。プロムナードの下には、集会室、レストランが設けられ、デッキレベルには郷土資料館、野外劇場が設けられる。

■PA－60 1960

「里見公園」のデッキシステムを、公園外の住宅地にまで展開し、まち全体をデッキシステムによる"公園"化する提案。

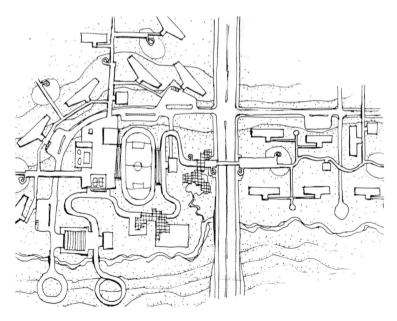

■「公園の消滅へ」（抜粋）
　　ー将来への希望的観測ー（前略）

　かつて、CIAMの中核的存在であり、現代建築の闘将であるル・コルビュジェは都市に再び「太陽・空間・緑」をもたらすために種々の提案をなしてきた。マシニストであるコルビュジェは機械設備の高度の発達により、再び都市の自然がよみがえりうるとし「機械の使用から生まれた種々の人口要因の過重を是正し、均衡を持たせるもの」としての都市における自然のあり方を高くかかげたのであった。これらの主張はしばしば「神話」となり、種々の批判の的となったことはもちろんである。クリストファー・タナードはコルビュジェがロマンチックな形で自然崇拝をとりあげたとし、風景もしくは住宅の周囲は人間の必要に応じて計画され完全に秩序付けられなくてはならないとして、「都市の庭園化」を提唱している。しかしながら、コルビュジェの主張もタナードが指摘するほどは「自然崇拝」的でないように思える。あるいはこの両者によって代表されるような自然環境のあり方についての相反する考え方があるのかもしれない。タナードの提唱する都市の庭園化—都市の自然の制御ということがはたして、これからの都市における課題となりうるだろうか。私には、そこにいぜんとして都市を一つのスタティックな美に収斂するという古典的思想が抜けていないように思われる。めまぐるしき変動する今日の都市において都市の庭園化ということは不可能になっていくだろう。

　人々はいぜんとして高度の能率を求めるだろう。しかし、一方「人工的要因の過重」との均衡のため都市の自然の比重が増大していくとすれば、いきおい都市の自然という問題は人間の行為の対象とはなりえなくなっていくのではないだろうか。つまり公園の発展的消滅である。

　公園が都市の中へ発展的に消滅した時、人々はもはや樹を植えることはしないだろう、無論個人的スケールにおいては別であろうが。緑地は人間がつくるものであるという妄想からさめた時、人々は人間の生活空間はつくられるものではなく、自然から切り取られるものであることをさとるだろう。建築は空間を切り取る境界として再認識され、造園は生活を支える床として再認識されるだろう。人間の周辺には雑木雑草が生い茂るだろう。人によって制御された花壇にはアブソリューティズムのにおいがする。人種差別がなくなるように花壇のような選民的なものはなくなるだろう。都市の自然は再び人間の手をはなれて独自の歩みを始めるだろう。（以下略）

（千葉大学）
「都市公園」No.27　1961・4　都市公園協会

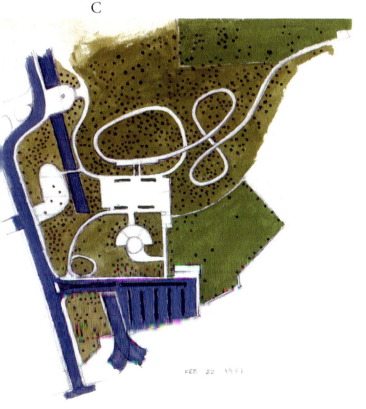

■ PA－DA 1961

　千代田区代官町（現北の丸公園）をモデルとしたスタディ。里見公園式のプロムナードデッキによる「公園」の提案である。園内の大半はサンクチュアリとし、利用者は回遊の木洩れ日のあるデッキを利用する。3箇所の"解放エリア"が設定され、3年ごとのローテーションにより解放される"焼畑"方式とする。この考え方は後の「代々木公園コンペ」応募案1964（笛木坦らと共作）に引き継がれた。

■三つの「床」について（抜粋）
－造園デザインの新たな展開のために－

（前略）さて、今日造園デザインに関しては、「現在、造園デザインとひとくちにいっているものの中には、いわゆる建物まわり＝庭のデザイン（Garden, Outdoor Design）と、ある地域なり風景なりの全体の総合的なデザイン（Landscape Design, Regional Design）という、空間的、機能的にニュアンスの異なる二つの分野が含まれる」（前野淳一郎：デザイン1959年11月）とされているが、はたしてそうであろうか？ この問題を論ずることによって先の問い（注：「20世紀後半以後造園の主体性は如何に提示され展開されるのであろう」池原謙一郎　近代建築1960年5月）に対して何らかの回答が得られるのではないだろうか。

　浜口隆一氏は「床の意味の再認識」と題するデザインエッセイ（新建築　1957年6月）の中で「床の二つの形式―地面から離れた床とくっついた床」について述べられておられるが、ここでさらにもう一つ付け加えて三つの床について述べてみたいと思う。すなわち、第一の床とは自然の大地（Natural Land）である。これは人類の建設史上以前には人類の生活のすべてを支えていたものであり、現代に於いても我々の生活にとってきわめて大きな意味をもっているものである。第二の床は加工された床（Reconstructed Landとでも呼ぼう）であって第一の床の加工された状態である。第三の床は人工の土地（Artificial Land）であり、Le Corbusierの唱えたSol artificial―人工の土地という言葉によって一躍有名になったものであるが、ここではそれ以前の床―地面から離れて作られたいわゆる「床」もその中に含めて考えたい。さてここで第二の床にスポットライトをあててみたい。そして他の床との関係を明らかにすることによって現代の造園デザインの問題における何らかの可能性を引き出してみたいと思うのである。（第一の床と第二の床の意味、役割の違いはここで述べるまでもなく明らかであろう、しかしながらこの両者が混同されることは決して少なくない。）（中略）先に私は造園デザインには、OutdoorとLandscapeという二つの異なる分野があるという前野氏の意見に疑問符を付けたが、ここでこれらの三つ床の相互関係を、極めて図式的にではあるが、述べることによってその疑問符の意味を明らかにしたい。すなわち、これらの三つの床はそれぞれ互いに「とりつけるもの」と「まちうけるもの」という関係をもっている。つまり、第一の床は第二の床を「まちうけるもの」であり、第二の床は第一の床に「とりつけられるもの」であり、又第三の床を「まちうけるもの」でもある。そして第三の床は、第二の床、あるいは第一の床に「とりつけられるもの」である。ここで第二の床に焦点をしぼるならば先の疑問符の意味が明らかとなろう。この第二の床の他の床との関係をのべることによって、OutdoorとLandscapeいう二つの分野が、実は第二の床という一つの現象の持つ二本の手を意味するにすぎないということが明らかにされよう。ここまで書いてくるともうお分かりのことと思う。つまり第一の床にいかに第二の床を「とりつける」かということがLandscape Designで、第三の床をいかに第二の床が「まちうける」かということがOutdoor Designであると言えるのではなかろうか。それではこのような二本の手をもつ第二の床のビジュアルなイメージとはどのようなものであろうか。（中略）第二の床のマッシヴなものと建築のスペーシィなものとの対決した姿がここしばらくの人間の住家の姿となるのではないだろうか。（中略）人間生活を支える三つの床を持ち出して言いたかったことは実にこのことである。第二の床としての"ニワ"は重くマッシヴなものとして自然風景と対決し、その上にスペーシィなものとしての建築がひらひらと舞うようになるのではなかろうか。又第三の床が第一の床と直接対決することもあろう、あるいはこの方が多いかもしれない。そして第二の床は重要な所において最もダイナミックに、ドラマチックに用いられることになるかもしれないと想像するのである。そして「床」―人間の営みを支えるものとしての認識を新たにする時造園デザインの新たな展開があるのではないだろうか。

（千葉大学）
「課題の展開」造園雑誌　Vol,24　No,1
日本造園学会　1960

■ START YOUR ENGINE

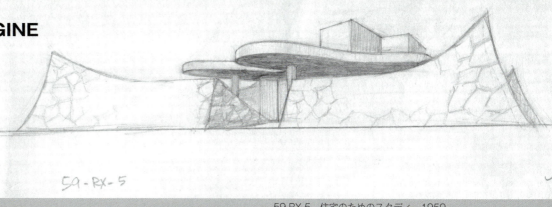

59-RX-5 住宅のためのスタディ 1959
マッシヴな石垣の上に浮かぶニーマイヤー風の自由な形の建築

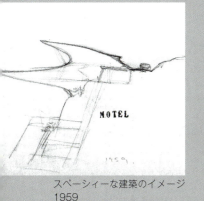

スペーシィーな建築のイメージ
1959

上・下：運動公園計画 1960

上：集合住宅の計画
千葉大学設計実習作品 1960（指導教官　宮崎元夫助教授）
スウェーデンの建築家ラルフ・アースキンの影響が見られる

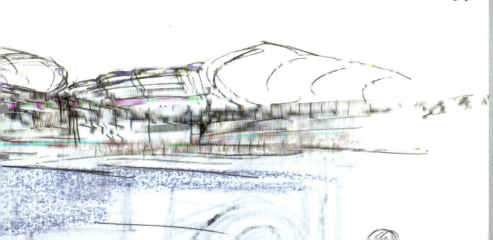

運動公園計画　1960
千葉大学公園設計実習作品（指導教官　福富久夫助教授）
マッシヴな基壇の上にスペーシィな建築が浮かぶ

Part2/1962 − 1970

■多摩ニュータウン「自然地形案1965」

- 必要な施設を計画するに足る大規模な平坦地を作りだすことは、地形上困難であり、一つの丘陵について数カ所に分散させる必要が生じたため、18,000人の単位に対しては4近隣公園、14,000人の単位に対しては2近隣公園、計6ヶ所に分散して計画されている。児童公園は1ヶ所3,000㎡程度として20ヶ所に分散されている。これは集中する必要がないためと、地形上の制約の結果である。

このように、地形上の条件によってもたらされた公園の分散システムは、機能上もきわめて有効な特性を持つものと言えよう。即ち、集団によって利用されるものを公園に集中させ、それを歩行者路によって結び付けるこのシステムは、プレイロット・歩行者路・公園を一体として処理することによって、現在の公園システムによる画一的な計画方法の持ついくつかの矛盾を解決するものであると考えられる。すなわち、利用主体の次元構成等により、より適合する施設配分がこれによってもたらすことが出来ると考えられるからである。

- 近隣公園における主要な施設は、集団利用を前提とするもの、主として運動施設である。これは大規模な平坦地を要するものを近隣公園に集中させるという考え方に基づくものである。集団利用を前提としないものは、尾根プロムナード・一般棟間緑地の整備によってカバーされるものと予想している。
- 児童公園は、各住居群に隣接させ、住居群と学校を結びつける通学路上の一拠点となるべく配分される。児童公園の施設は、プレイロットの整備、充分な棟間オープンスペースの確保を前提として、運動広場に限定する。
- 住居群によって囲まれた空間は、住宅地の中において最も都市的な空間となる筈である。空間を構成するエレメントは、住居・擁壁・プレイロット・舗装等のかなり「かたい」空間となるはずである。これらに対して、保全された樹林、プライバシーを保つための植栽、壁に這わせるツタ類が柔らかさを与えるだろう。

多摩ニュータウン開発計画〈自然地形案1965〉
日本住宅公団 1965

大高チームに提案したオープンスペースシステム　公園・尾根プロムナード・プレイロット・棟間空地が一体のシステムを形成する　1965

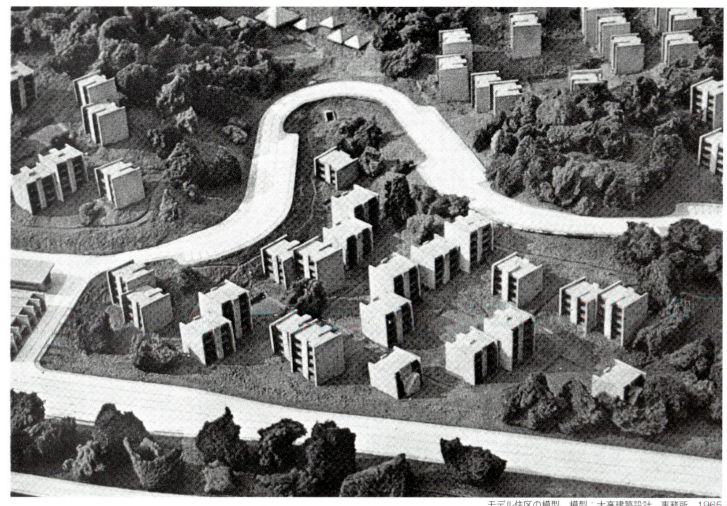

モデル住区の模型　模型：大高建築設計事務所　1965

モデル住区プラン
（大高建築設計事務所原図）

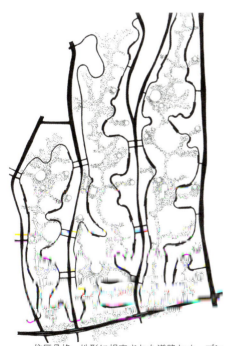

住区骨格　地形に規定された道路とオープン
スペースシステム

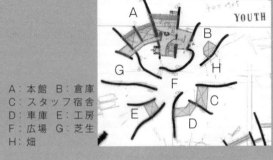

A：本館　B：倉庫
C：スタッフ宿舎
D：車庫　E：工房
F：広場　G：芝生
H：畑

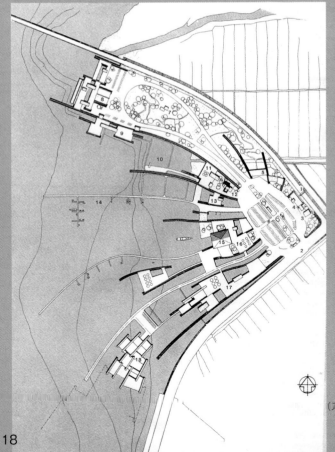

■ユースホステル・コンペ案　1965

　市街地を見下ろす丘陵の先端部の立地を想定した案である。
　敷地を整地する際に発生した石材を積み上げて、壁を造るという設定をし、壁の間に木造の建物を埋め込むことによって、建築と風景の一体化を目指している。石壁は素材としても、形態的にも大地と建築の"中間項"として位置づけられ、展開する建物群および広場、畑等のオープンスペースのモデュレーターとして、敷地全体を組織化している。
　この案は、結局まとまらず、コンペには応募しなかった。

■琵琶湖大橋サービスエリア計画　1966

　この計画は、琵琶湖を東西に結ぶ動線である琵琶湖大橋の両岸に計画された、サービスエリアの守口市側の計画である。
　橋の位置は、野洲川河口の突出した部分に位置している。
　川からの砂の流入をコントロールするために突堤を築く。
　平坦な広がりを持つ風景に突出する大型橋梁を、突堤、桟橋、隔壁等によって風景に馴染ませ、それらの構造物をモデュレーターとして、サービスエリアを構成する様々な建築群を、多様性を持たせながら、風景に馴染む統一感を生み出そうとしている。

「建築」1966・5　青銅社

■港北ニュータウン基本計画原案　1968

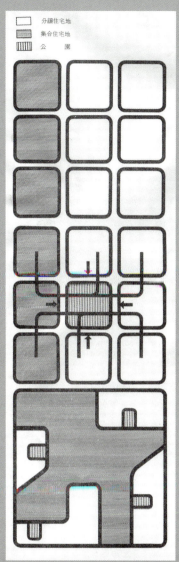

グリーンマトリックスの展開
ジョイントとしての児童公園

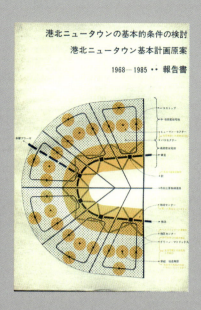

日本都市計画学会
横浜市
日本住宅公団
1968

基本計画原案報告書表紙

　この検討は、都市を構成する各土地利用形態、およびその敷地のポテンシャルを活かして、都市環境の全体骨格構造を形成しようとする〈グリーンマトリックス〉の理解に基づき、住区構成のあり方を模索したスタディである。

　この検討では、集合住宅の持つ、棟間空地、公開通路等のオープンスペースとしてのポテンシャルに着目し、今日の都市におけるオープンスペース整備水準の低さをカバーする道具立てとして、集合住宅を位置付けている。すなわち小規模な戸建て住宅によって、住宅地がうめつくされた時に、満たされない環境水準を、集合住宅地が積極的にカバーすることを目指している。この検討においては、戸建て住宅地をいくつかの小グループに分散させ、集合住宅地との接触面を大きくとることによって、上記の具現化を試みている。さらに、戸建て住宅地には、集合住宅地とのジョイントとして、児童公園（街区公園）が設けられ、オープンスペースの提供とともに、集合住宅地内の公開通路へつなぐ歩専道としての役割も担っている。

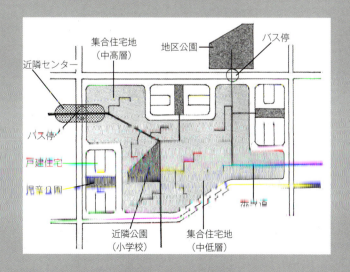

●住区構成のモデル

　この原案検討では、専ら住区の内部構成に重点を置いている。後の実施計画につながる1970の「パイロットプラン」(p.21)以降の計画では、集合住宅地を重要な環境骨格と位置付けつつも、むしろ、既存植生、地形等の保全の役割を重視し、地域構造のニュータウン内化の道具とするという、やや異なる方向に進むこととなった。

Part3/1970 − 1980

■ The Family Submarine 1　1970
〈PARK UNIT '70〉

「ものがたり」

001　目的

002　PARK UNIT '70の目的は、大きく次の3つである。その1つは、都市関連産業の一環として公園を「開発」することであり、また公園事業に民間資本を「効果的」に導入することにより「サービスの向上を図る」ことにある。また、都市再開発の機運に乗じて、資本がつくりだしたひずみを再び成長エネルギーに転化させることも目的の一つである。この目的は「公園」を装置化することによって達成された。すなわち、装置化することによって、公園そのものを商品化することに成功し、さらに公園の属地性を剥奪することによって公園用地そのものを収奪し、資本に転化することが可能となった。また装置化された「公園」は属地性を持たぬ故、道路等の公共用地の上空を占拠することによって、都市空間の効率的利用が可能となった。(中略)
目的の第2は、PARK UNIT '70によってレジャーを通じて収奪を図ることである。
PARK UNIT '70はかつての遊郭に対応し、庶民の「文化」の中心となり、流行の中心となるべきである。
目的の第3は、PARK UNIT '70事業による世論操作である。

003　構成

004　PARK UNIT '70はいくつかの装置化されたカプセルと呼ばれるユニットよりなる。各カプセルはディスポーザブルなストラクチャーにより架構される。これらのユニットは閉鎖的であり、相互に連絡通路によって結ばれる。広場は小規模でなければならない。
(中略) PARK UNIT '70は本質的に「オリ」であり、本来「かこい込み」であった公園の正当な子孫である。

005　運営

006　運営は半官半民の組織であるPARK UNIT開発事業団によって行われる。
毎週どれかのカプセルで政府指導のさまざまな"IN"が行われる。(中「ゲームセンター」がPARK UNITのコントロールセンターである。とを知っている人間はあまりいない。ときどき「遊ぶ」ために迷い込んで来る何も知らない連中は見かけだけの事務所に案内され、丁重にだがきっぱりと撃ち殺されてしまう。

007　恐ろしい誇大妄想狂だとボンドは思った。だからこそ余計危険なのだ。

008　PARK UNITのない世の中なんて、クリープを入れないコーヒーのようなものだ。

009　パークセンター

010　パークセンターの本当の機能についてはほとんど知らされていない。パークセンターはあらゆるメディアを駆使した広告のルツボである。(中略)

011　トリップカプセル

012　トリップカプセルは、シミュレーターによる疑似体験システムであり、イメージの先取り、すり替えのシステムである。(中略) トリップカプセルにおける最も重要な機能は、疑似体験を通じて、国土のイメージを規定し、国家をイメージさせ、それを各人にたえず再生産させることにある。(中略)

013　ラブカプセル

014　ラブカプセルは正しい性教育の普及と、望ましい性関連産業の育成を図ることを目的として設けられる。(中略) ラブカプセルは連れ込みホテルである、「ラブカプセル」と結婚式場、それと教育装置、機械─人間系セックス装置であるラブシミュレーターよりなる。

015　コミュニケーションカプセル（略）

017　アジテーションカプセル（略）

019　アスレチックカプセル（略）

THE FAMILY SUBMARINE − 1
1970-01-01

● 〈The Family Submarine〉は1970、71年に刊行されたパーソナルマガジンである。当初3号雑誌をめざし、第3号の企画まで立てられたが、めでたく第2号で休刊となった。第3号の特集は、"Humanoid's Sydrome"であった。

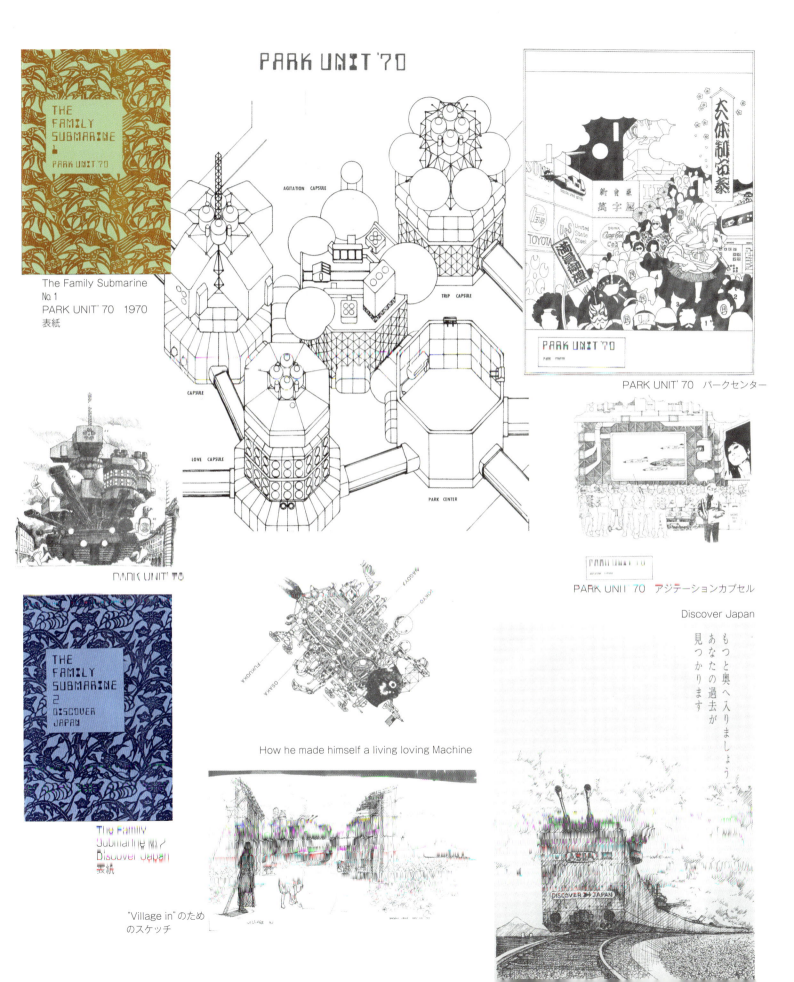

■「"クジラのなかのヨナ"あるいは港北グリーンマトリックス」（抜粋）

　港北ニュータウンの計画は、1950年代のチャンディガールや、1960年代のトゥールーズ・ル・ミレイユなどを先例とする「重層的構造」を持つ都市への接近という流れの中に位置づけられる。これらの都市が目指したものは、都市の中に非都市的空間秩序を持つ空間を、重層的に内化しようとするものであった。港北ニュータウンでは、既存集落を中心とする谷戸部の非都市、つまり農村的土地利用に依拠する空間を、ニュータウンの環境的骨格として位置づけている。農村的土地利用は、自然条件に大きく依存するため、都市の中に農村的空間秩序を取り入れると言うことは、とりもなおさず都市の中に、自然と言う複雑な要素からなる「非線形的」空間秩序を内化することに他ならない。

　このことは、機能—空間の一対一の対応を前提とする「線型的」都市計画に「他者」を内化することである。すなわち、「線型的」近代都市計画にとって、こうした空間の存在は、「消化されない消化物」あるいは「クジラのなかのヨナ」として、都市であると共に都市ではない空間として存在する。（以下略）

〈Esplanade〉43　1997　INAX

第2地区「ささぶねの道」　（photo 横浜市）

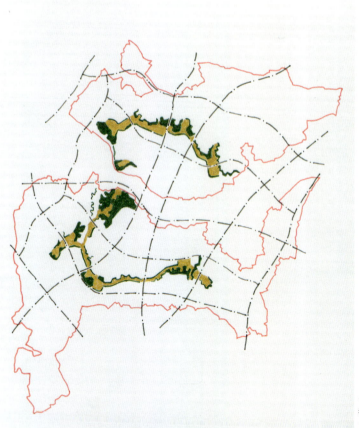

上：第2地区　モデル公園
「せせらぎ公園」
下：第2地区　センター南
「スキップ広場」

グリーン・マトリックス幹線
都市骨格としてのオープンスペース
1972

■グリーンマトリックスのシステム
  （港北NTパイロットプラン　1970）（抜粋）

1．開発目標との関連

　グリーンマトリックスの実現は、港北ニュータウン計画上の重要なテーマの1つである。周辺がすでにスプロール等によって市街化されているという立地条件と、開発手法が区画整理であるということからあらわれる、きびしい開発条件の中でグリーンマトリックスは豊かな空間の造成と人間性の回復の街の実現を、より包括的、体系的に追及するためのシステムとして提案される。（以下略）

4．構成の仕方（システム設計）

　①ハードなグリーンの検出

　グリーンマトリックスの検討において求められるのは、基本的には土地利用と緑地保全の複合性の問題である。保全の系として現存する緑を考え、この現存する緑の中で保全の対象となるべきものを、開発に関わりなく持続する都市構成要素という意味で、「ハード」なグリーンと呼ぶ。

　ハードなグリーンは学術上の重要度、景観上の重要度を指標として、現地調査、植生図、航空写真（1／2,500）、現況図をもとに検出を行った。（注2）

　②幹線ルートの決定（注3）

　ハードなグリーンとして検出された、斜面のグリーンと、庭公園等のオープンスペースによって幹（全体系）を形成するためには、幹線を谷戸部分に通すことが有効である。これによって谷底のオープンスペースを通して、斜面のグリーンを効果的に見ることができ、広がりとグリーンを満足でき、丘陵のすそ野部分の集落、社寺等の屋敷林を組み込むことが可能である。

　③グリーン系とオレンジ系

　グリーンマトリックス幹線は、学校等を含むため、いわゆるグリーン系（注4）のみで形成されるわけではない。また、グリーンマトリックス幹線はセンター等の開発密度の高い部分を結ぶため、部分的に目的的ないわゆるオレンジ系によっても形成される。従って、幹線はグリーン系とオレンジ系の2種類によって有機的に計画する。すなわち各駅の徒歩圏は高い開発密度を予測して「オレンジ系」優先を原則とし、駅圏外は「グリーン系」優先を原則とする。

　また各支線はオレンジ系を原則とする。

　④公園システムとの連動

　公園のシステムは、中央公園（自然公園）―地区公園―近隣公園―児童公園の系統を考える。各公園は、自然地形と、既存植生を活用し、中央公園を中心にして、巾50m～100mのものとして連続的に展開し、段階別の各公園というより、一連の公園群あるいはオープンスペースとして、よりオープンな住区構成を生み出す。（以下略）

注2：1）クヌギ・コナラ林　2）屋敷林　3）急斜面の樹林地　4）地形ゆるく農専地区に接する樹林　5）社寺境内地　6）見晴らしがよい所　7）ランドマーク

注3：「グリーンマトリックスの研究」（上野泰）参照

注4：グリーン系―主としてレクリエーション系、田園的雰囲気　オレンジ系―日常的、目的的系、都市的雰囲気

「港北ニュータウン交通計画を主体としたパイロットプランの検討」　日本住宅公団　1970

■港北NTパイロットプラン　1970

　当初グリーンマトリックス幹線は、谷底を通る公園、学校（校庭）等が錯状に連なったオープンスペース帯として提案されたが、学校は住区の中心にあるべきとする"近隣住区派"により退けられ、全体を帯状の公園で構成することになった。

■港北NT第2地区モデル緑道設計　1978

モデル公園　2号近隣公園（せせらぎ公園）イメージスケッチ　1977

モデル公園
せせらぎ公園　1978

せせらぎ橋　1980 東側
構造：千代田コンサルタント

モデル緑道　2号緑道（せきれいの道）（竣工後）
1978

イメージスケッチ 1977

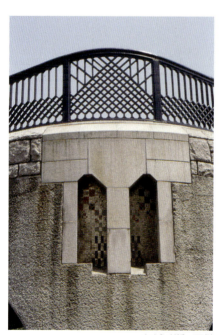

せせらぎ橋　西側

■多摩NT（B-3）落合・鶴牧地区　1978

　多摩落合・鶴牧地区の計画は、改めて「計画」と「設計」の地平が不連続であることを、再確認する機会となった。われわれマスタープランチームは、課題を整理し、明確な方向性を導き出した。

　「都市空間の構造化」（視覚化）、「都市骨格構造としてのオープンスペース」、「場－系－域による構造化」、「メジャースケール／メソスケール／マイナースケール」、「大観構造」、「基幹空間」、「図と地」、「異形化」等々様々な「計画」の言葉を紡ぎだした。しかし、それらを地図上に展開する段になって、我々は一歩も前に進めないことに気が付いた。議論を重ねた。しかし、代数を他の代数に置き換えるだけの堂々巡りに陥っていることが、次第に明らかになってきた。さながらルイス・キャロルの「The Hunting of The Snark」のように。"The Snarak was a Boojum,"だって!! われわれは、この状態を「苛立たしい円環」と呼んだ。「計画」と「設計」の地平は繋がっていないのだ。我々には「飛躍」が必要であった。およそ「用」とは無関係の専ら「かたちの差異性」だけに関わる「モヒカン、バオバブ、ウッド、モール、緑衣体、グロット、フィールド、カスケード」という8つの「形態仮説」が用意され、ようやく我々は前に進むことができた。落合・鶴牧地区のプランを描くことができたのだ。（2016-09）

苛立たしい円環
"The Snark was a Boojum" $x=y=z=\cdots\alpha=\beta=\gamma\cdots$ 代数を他の代数に置き換えるだけ（落合・鶴牧地区打ち合わせ資料）

鶴牧東公園徒渉池の水口

富士見通り　Photo KLI

■「造園学会賞受賞スピーチ」（抜粋）

（前略）これから本題に入りますが、そういった戦後のモダニズムを支えてまいりました住宅需要に対して供給の担い手となってきて、それ故、当然に戦後のモダニズムの担い手となったのが日本住宅公団であったわけであります。

それは日本のいわゆる工業化とそれに伴う労働力の再配分、それのための下地をつくる為の住宅供給ということが日本住宅公団の基本的な使命であったわけでありますが、この為に大量の住宅をつくらねばならないということがありまして、それが当然一つのモダニズムを育成していく土壌を造ってきたと考えることができます。したがいまして日本における、少なくともアーバンデザインにおける担い手というのは、やはり日本住宅公団であったといえます。

で、それは初期のいわゆるオープン・プランニングの戦前のCIAMのセオリー通りのものから、後のチームXあたりのストラクチャーリングの考え方を取り入れてきた、いわゆる囲み形式とか、あるいはペデによる組織化という風なことも含めて、そういった世界的なモダニズムの運動と呼応して色々な作品が造られてきたわけであります。

で、当然そういった「ポスト・ウォー・モダニズム」というのは先ほど申し上げた様に一種の戦災復興の産物でありますので、当然「ウサギ小屋」とそれを集めた「ハコ」というのは理論的な帰着としてそうならざるを得なかった、といえるのではないかと思います。

特に昨今「ウサギ小屋」と呼ばれております住宅規模の問題が特に議論の対象になっているわけでありますが、住宅の適正規模が存在するかどうか、ということは昔から建築界で色々問題になりまして、CIAMの戦前の会議でも、最小限住宅ということが議題になったりしておったわけであります。

当時のモダニズムの担い手でもありましたワルター・グロピウスが次の様な事を言っております。

「住宅の適正規模というのは、もっぱら施主のフトコロ具合できまる。」これは非常に名言でありまして、人間の生活の為の必要な適正規模一般というのは存在しないという様なことを言っています。それは正論であるかと思います。それでは今日どういう風なフトコロ具合になってきて、どの様な質が求められるのだろうかということが問題になってくるわけであります。（中略）今日、量から質の時代へという風に言われておりますけれど、質というのは一体どうゆう質になって行くのかということを考えてまいりますと、やはり生活レベルの向上ということでありまして、それはおそらく実現できるかどうかということは別問題としまして、少なくとも欲望としてはとめどないものになって行くのではないかと思います。（中略）相対的貧困は絶対的貧困と同様に悲惨であると言う言葉がありますが、相対的貧困というものが常にある以上、それを克服してゆきたい、それを越えたいという欲望は常になくならないので、質的向上に対するデマンドは決してなくならないものではないかと考えています。

（中略）もう一つ、明日の都市というのはどの様な形になって行かなければならないか、という様な明日の都市の質という事が次の問題になってまいります。私は明日の都市の質を規定する"三つの柱"として、「ハイ・テクノロジー」と「バイオロジー」と「アート」、特に「ハイ・アート」という三つがこれからの都市の在り方を規定してゆくものになって行かなければならないと思います。（中略）今日、それでは我々をとりまく危機というか、不安の源泉になっているものは一体どうゆうものかという事を考えてまいりますと、それは非常に根深いだろうという事で、根元まで遡ってまいりますと、生存の危機にまで遡らざるを得ない状況ではないかと。例えば今世紀（20C）末ぐらいまでには、地球上の農地の三分の一位が砂漠化してゆくだろうと。そういった地域においては森林の荒廃がどんどん進むだろう、という様な地球規模での生存の危機というのが指摘され始めてきているわけです。では、そういった危機に対して我々がどこに回帰してゆくかと言うと、バイオロジーに回帰して行く事になるのではないか、と私は思います。（中略）そこで、もう一度"生物としての人間"という視点に立ち戻る必要があるのではないか、今までもっぱら増大する欲望を満たす為に、今日の状況を生み出してきたわけなので、もう一度原点に立ち戻って生物の共存の場としての都市の在り方を、求めてみる必要があるのではないかと思うわけです。しかし、原点に戻ると言っても、今さら原始時代に逆戻りするわけにも行かず、今世紀末までに60億人になるだろうと言われている世界の人口を養っていくためには、どうしても高度のテクノロジーは不可欠であろうと思います。したがって、ハイ・テクノロジーを駆使しつつバイオロジーを基盤に据えた、バイオロジーの要請を包括して行くような包含的なシステムの在り方が、これから求められて行くのではないかと考えているわけです。そのような、バイオナイズされた共存系のあり方の一つとして、アジア的な共存系が再評価、再研究されなければならないのではないかと思います。（中略）高密度の中に多様性を包含して行くシステムのアジアにおけるモデルとして、興味深い二つの都市を上げることができるかと思います。その一つは、シンガポールであり、他はホンコンであります。これらは何れもイギリスの植民地として発達し

てきた、中国系社会を中心とする国々ですが、その様相は全く対照的といってよいものであります。(中略)これを食物のアナロジーで考えてみますと、シンガポールは「幕の内弁当」であり、ホンコンは「まぜごはん」であると言えましょう。料理ごとにお皿の違う西洋料理に対して、いずれも一つの器に様々な要素を包含したものでありますが、「幕の内弁当」は中の仕切りによってそれぞれの要素が分節化され、味が混じらないようになっていて、それに対して「まぜごはん」は全体が一つに混じりあって、混然とした一つの味をつくり出しているわけです。(中略)なぜ「幕の内」のようなものが発達してきたのかという事は、興味のあるところです。「幕の内弁当」は明らかに"美学"の所産であると考えることができます。

視覚的、味覚的、嗅覚的美学の要請をそこに見ることができます。つまりものの在り方の「統括原理」としての美意識をそこに読み取ることができるかと思います。(中略)そう言った意味で、都市空間の「統括原理」としての美意識、その具体的展開としての「ハイ・アート」のあり方がこれからの重要な課題となるのではないかと思っているわけで、単なる開発の免罪符としてではなく、開発を統括し、人間の顔を取り戻す、あるいは生物としての存在感を取り戻す手立てとしてのアートのあり方というのが、これから問われてくるのではないかと考えております。そう考えてまいりますと、これからの都市のあり方は、目的あるいは前提条件としてのバイオロジー、必要手段としてのハイ・テクノロジー、それらを統括する原理としてのハイ・アートという図式でとらえられるのではないかと思います。そういった意味で、「都市はアートたりうるか」という事が、これからの課題になろうかと思います。(以下略)

「上野泰氏造園学会賞受賞記念祝賀会スピーチ」
1984－06－22　於：多摩センターコミュニティー館
編集：祝賀会世話人

多摩NT(B-3)落合・鶴牧地区 鳥瞰図　イラスト：山設計工房　1979

■代々木体育館 （抜粋）

　馬子にも衣装髪形という言葉がある。着物を着たとたん立ち居ふるまいがおとなしくなったという話も聞く。人は衣服が改まるとふるまいもまたそれらしくなるものである。道具はふるまいの様式より出でてふるまいを鋳型として規制する。装置もまたふるまいの鋳型として人間に働きかける。例えば競技場のスタンドは観客の鋳型である。競技場の空間はスタンドによって鋳込まれた観客の視線が作り出す。（中略）C.N.パーキンソンはその名著「パーキンソンの法則」の中で次のように述べている。イギリスとフランスの議会制度の根本的な相違のよって来たるところは両国の国民性に由来するものではなく、もっぱら議席の配置の相違によるという。議席が互いに向き合って作られているイギリス議会は相対立する二つの陣営をつくり出した。それに対しフランス議会は、議長を中心とする半円形の議席を作ったため、イギリスのように敵味方がはっきりしなくなり、てんでにそっぽを向いた数多くの陣営を作り出してしまったというのである。ことほど左様に議席の配置いかんは重大な問題であり、丸テーブルを囲む会合は、正方形や長方形のテーブルを囲む会合とはまるっきり違うものであり、その相違は討論の時間や言葉の辛辣さ、決議される事項にも関わってくる問題であると彼は言う。空間は行為する人間の鋳型として作られる。そして作られた空間は、鋳型の持つ属性として人間のふるまいを規制する。空間のもつ呪縛性もしくは誘導性である。たとえば2人の人間が対話する場合、2人のいる空間は大きなものであるか、あるいは鼻をつき合せるほど小さなものであるか、向かい合っているか、並んでいるか、見上げるか、見下ろすかなどの条件によって会話の雰囲気や内容が変わってくる。2人の人間関係すらそれによって変わってくるかもしれない。したがって逆にある種の会話をする場合、ふさわしい空間形とふさわしくないものとがあると考えられる。さらに2人の場合と5人の場合、10人の場合はおのずから異なってくるはずである。（中略）鋳型としての代々木の空間は確かにすぐれたものといえる。空間を決定するために検討されたという観客への配慮も成功しているようである。もっとも対立感情が生ずるのを防ぐことができたかどうかは分からないが、少なくともあの空間は興奮を盛り上がらせるには充分である。およそ空間を形成するエレメントの中で人間に最も大きな働きかけをするものは人間そのものであろう。したがってもっともドラマチックな空間を演出したければ人間で空間を形づくればよい。競技場の空間はそうした空間である。観客は興奮した人間の壁を見て自らも興奮する。その自乗作用が競技場全体の興奮となって盛り上がり、人は自分と同じ行動をしている人間を確認してはじめて共感を分かち合う。他人の姿が見え、自分が全体の中に占めている位置が確認されなければならない。ここに囲われた空間の持つ属性がある。（中略）劇場の空間においてもその独自の雰囲気は他の観客の姿が見えることによって作りだされる。劇場は映画のように暗くない。上演中でも他の観客の姿を見ることができる。特に歌舞伎などは花道を使うことによって視線の方向が限定されることがないから一層である。桟敷の魅力はそこにある。平土間の場合、観客はみな同じ方向を向いていて、見えるのは背中だけである。何か埋没してしまったような孤立感がある。桟敷の場合は舞台と客席とを同時に見ることができる。舞台と観客とを半ば見ながらはじめて芝居ならではの雰囲気にひたることができる。豊国の描いた安政年間の中村座の絵を見ると舞台の三方どころか四方から見せていたことが分かる。さほど広くもない壁といわず床といわず文字通り人でうめつくされたこの空間は想像するだに楽しそうである。その中である者は物を食べ、ある者は酒をくみかわし、またある者は舞台そっちのけで話し込む。それはおよそ今日の劇場空間からは想像もつかないものであったろう。人間でつくり出した空間のもつ興奮がここにはある。（以下略）

「建築術2」空間をとらえる　彰国社　1972

ジュエリーデザイン　1976

■ Et cætera — 1

モーターボート〈チェシャーキャット号〉のためのエンブレム 1977

ペンダントのためのデッサン 1976

Sacra Fames 1977

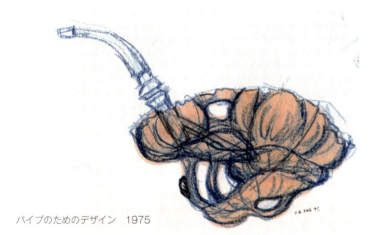

パイプのためのデザイン 1975

四谷見附橋の橋燈 1975

■広島・港北モデル　1971

〈広島・港北モデル〉は、1970の港北NTパイロットプラン検討におけるオープンスペース・モデルを下敷きにした、広島市の長寿園団地（大高建築設計事務所）の外構計画のためのスタディである。

このモデルは、交通の結節点等に設置された「コア・オープンスペース」（プレイロット、レストスペース等）を核として、核間に"磁場"のようにオープンスペース（フリースペース）が形成されるという理解に基づく。広島モデルでは、エレヴェーターシャフトを起点として、「コア・オープンスペース」を配置し、各コア間に磁場のように「フリースペース」が展開する。フリースペース（無）は、非フリースペース（図のマント＝植栽）により、範囲が規定される。フリースペースはその時々のニーズに応じて様々な利用がなされる。長寿園団地では住民の要望により、すべてが（最もニーズが高い）駐車場になるという象徴的な結果に終わった。

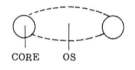

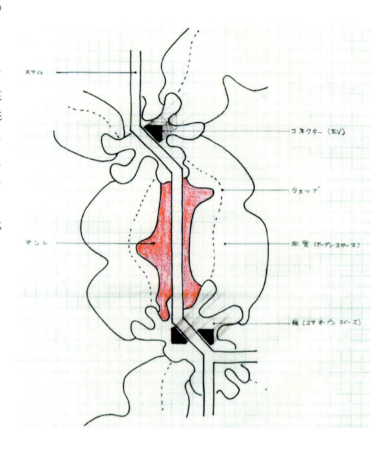

■北摂ニュータウン南地区
　5住区基本計画　1973

地区中心部の谷戸筋を、地区公園、近隣公園、児童公園（街区公園）を一体化（1住区1公園）したオープンスペース軸とし、地域の骨格空間を形成する。図は地区公園の既存の溜池を生かした池のイメージである。

■桐生市新川地区整備計画　1978

桐生市の中心部を流れる新川を暗渠化し、緑道とする計画。上流の文化センター・(仮称)新川公園と下流の桐生川合流点を結ぶ約1.4kmのオープンスペース骨格を形成する。

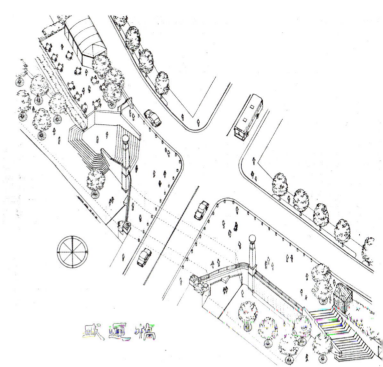

中庭のイメージスケッチ　1975

■渋川市民会館中庭　1975

渋川市の市民会館(建築：RIA)の中庭。建物に囲まれた狭い空間に対し、立体的なプラントボックスを設け、建物のボリュームに対処している。プラントボックスは建物の直線に対し、ふくよかな曲線を描く。

港北ニュータウン初期イメージ・スケッチ 1978 Romantic Landscape としての New Town

■ Et cætera – 2

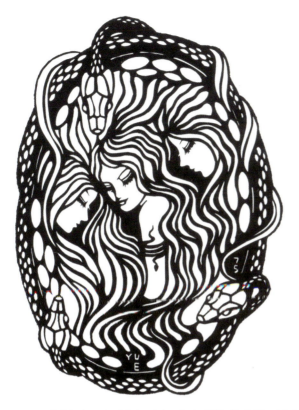

E.T.A ホフマン「黄金の壺」のための挿絵（切り絵） 1975

#7 1980（銀）

年賀状 1978

カレンダーのための切り絵「秋」
1975

ペンダント〈オフィリア〉のためのスケッチ 1976

泰 1980 バルセロナ グエル公園にて

Part4 / 1980 — 1990

■「多摩ニュータウン (B-6) 稲城地区 骨格空間デザインの背景」

1. 視点
   - ニュータウンという、まごうかたなき「文化」事業を進めるに当たって、我々は如何なる文化的背景に基づいて計画をたてるのか？
   - 都市を文化的背景に基づいて捉えようという、当たり前の視点、その背景はどうもシックリしない—借り物の論理と形「借りた」セオリーそのものの限界 これは、「脱亜入欧」なのか？
   - ニュータウンと言う「外来文化」の受容と変容の方向を展望する
   - 今日のまちの「ロストアイデンティティ」への解となるか？
2. アプローチ
   - 雑貨屋の店　用は足りるが、用（機能）が終わっても愛着を持って、身近に置きたい対象とはならない
   - 愛着の対象—モノとして独自の存在感を持つ「他者性」
3. 環境における「他者性」と「自我性」
   - 自我の延長としての環境—欲望／主体性
   - 他者としての環境—抑制／刺激／歴史性
   - 主体と他者の中間領域としての環境
   - 今日の状況—「他者」が見えなくなったまち
     自己の欲望の中に埋没したまち
     他者性は、社会的相対性の中に拡散
4. 稲城地区におけるいくつかの「仮説」
   - メガストラクチャー（まちとまちはずれ）
   - ソフト／ハード（真・行・草）
   - 異形化（オリエンタリズム／ジャンク）
5. やや乱暴に言えば
   - 西欧—自我性のまち／訳の分かったまち
   - アジア—他者性のまち／不可知性
       部分の論理の卓越と全体の柔軟性
   - 多様性の包含／都市の「遺伝子プール」へ

1986・07・16

稲城・向陽台地区　生活環境軸　正面は城山公園

城山公園　水の広場

サイン（ドラゴン）
Photo KLI

左："まちはずれ"稲城中央公園
右：カルチャーパスと小学校

■「西宮名塩ニュータウン斜面住宅地のデザイン」

　西宮名塩ニュータウンは、宝塚市の丘陵部に位置し、平均斜度が16度という、丘陵地開発というよりも「山岳開発」ともいうべき地形条件であった。マスタープランでは、何とか得られた平場あるいは緩傾斜地を独立住宅地及び学校、業務用地とし、残りの法面を集合住宅とオープンスペースにあてたといっても過言ではない状況であった。

　このような状況を打開するため、具体的な計画上の「駒」の必要性が確認され、全体としてMIX型開発を目標とした。長崎をはじめ内外の斜面のまちを参照しつつ、魅力ある坂の道を創りだすため、以下の方針がまとめられた。

① 機械動線による骨格形成（マスタープランに基づき斜行エレベーターを導入）
② きめ細かな区画街路の整備（斜面地への車のサービスの向上、処分し易い宅地規模への細分化への対応）
③ 住宅群を分節する骨格的オープンスペース（斜面の上から下まで連続するオープンスペース／ナシオン広場）
④ 多様なタイプの住宅の導入（民活による建設主体の多様化を含む住宅の多様化、形態の多様化）
⑤ 宅地内の変化に富んだフットパス
⑥ 絵になる風景の造出（特に外景との関係の重視、例えば大阪方面への眺望等）

「JUDI NEWS」007　都市環境デザイン会議 1992

ナシオン広場と周辺の斜面住宅（設計：遠藤剛生）手前の彫刻はRiera I Arago（スペイン）の"AVIO NACIO"

ナシオン広場最上部のガゼボ

"AVIO NACIO"

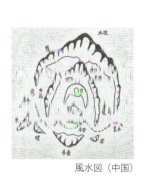
風水図（中国）

「風水」を援用したナシオン広場のかたち

■西宮名塩NT　ナシオン広場　1989

広場を囲む回廊

ナシオン広場　（中間案　CG提供：HEADS）

広場より斜面住宅群を見る

段状の池と滝

中：最上段のガゼボ。球形の車止めはガウディーの写し
右：上部の池から水が流れ落ちるグロット

■西宮名塩NT　塩瀬中央公園 1992

基本設計段階では、3人のデザイナーが、オムニバス形式でエレメントのデザインを担当するという、予定調和を否定する実験的な試みがなされた。実施設計においてもメンバーを代えて、加藤修、遠藤剛生、上野泰の3人がデザインに関わった。

A：小林英夫
B：加藤修
その他及び全体
上野泰

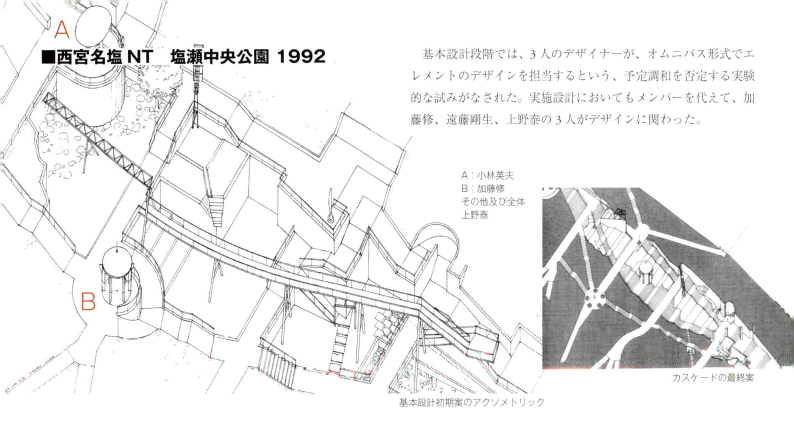

基本設計初期案のアクソメトリック

カスケードの最終案

カスケードのある広場を囲む建物は遠藤剛生のデザイン、広場はHEADS

上：カスケード　全景
左：カスケード　水口
右：左側のドームは加藤修のデザインによる

■港北第二地区橋梁計画設計（抄）
（その１）（その２） 1981

2-1　作業方針

　橋のデザインは、利用形態に適合する規模、形態であることをベースに、その橋の位置に伴う条件付けや、周辺の環境との調和の検討、個々の橋に識別性を持たせる意図などを含め、多くの場合、個々に検討され、固有の形態、空間を目指している。しかし、ニュータウンにおける橋梁設計は一般に周辺の整備に先行するため、個々の具体的なイメージ形成を条件づける周辺環境が計画設計段階で実在しない場合が多い。

　従って、個々の橋のデザインを個別に設計アプローチすることが良い方法であるとはいえない。

　ニュータウン全体のイメージの中で、個々の橋梁のデザインの混乱や氾濫におちいらないためにも、またデザインを適切に統括するためにも、デザイン上の検討内容とその過程の明確化が望まれた。ここでは、作業の組み立てを計るため、作業仮説とし次の検討を行うこととした。

①橋梁タイプの設定（真・行・草　概念の援用）

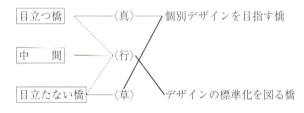

　すなわち、わが国の伝統的な芸術の空間構成上に広く応用されている「真・行・草」を、あらかじめ与えられている基本形に対してどのようなすがたを与えるかという橋のデザインへの応用である。

■橋梁タイプ { 真の橋（フォーマル）／行の橋（インターミディエート）／草の橋（インフォーマル）

　橋梁タイプは、橋の基本的イメージであり、橋の内外空間の性状のことであり、構造形式とは別の概念としてとらえている。本計画を進めるにあたって、橋梁タイプは、我国の伝統的空間概念である"真・行・草"を採用し、3タイプに区分する。各々を、フォーマル（FO）、インターミディエート（INT）、インフォーマル（IN）としている。フォーマルの橋とは、例えば独立性、固有性の高い目立つ橋、格調の高い橋らしい橋のことであり、インフォーマルの橋とは、フォーマルな橋とは対照的な、周辺の景観と一体化した自由でやわらかな、目立たない橋をいう。また、インターミディエートの橋は、上記のどちらにも属さず、実用性を基本とする標準的な橋をいう。フォーマル、インフォーマルの橋は、場所に相応した特殊解—個別デザインが望まれる。これらの個別デザイン橋は各々のタイプのフレームの中で主体的にデザインされ、特徴を持つことにより、ニュータウンの中に抑制のきいたバラエティーを確保する。

住宅・都市整備公団　1981

「草の橋」
港北ニュータウン「鴨池公園橋」模型　1981
構造：セントラルコンサルタント

■橋づくし

港北NT せせらぎ橋 初期スケッチ（東側）1980

港北NT せせらぎ橋（西側）1980
構造：千代田コンサルタント

港北NT 鴨池公園橋 1981 前頁参照

左：港北NT 御影橋 1983
右：橋下にせせらぎが流れる　構造：同上

港北NT ささぶね橋 1981
構造：千代田コンサルタント

同左：橋面を流れる水路

多摩NT 別所・長池地区 長池橋 1995
構造：計画エンジニヤリング

港北NT 都筑ふれあい橋 1994
構造：日建設計

多摩NT 別所・長池地区 せせらぎ橋 1990
橋面も水路が流れる水路橋である　構造：日建設計

〈BIO DECK〉1995 屋根にソーラーセルを備え、
海水、照明、屋根の開閉の電源とする

■多摩中央公園「きらめきの広場」
　デザインメモ　1986

　この広場の空間デザインに対する重要な課題は、「場の個性化」ということである。このことは、2つの視点から求められる。

　第1は、中央公園全体の持つ、類型的な景観に公園の「顔」としての、強い個性的な空間形態を与えたいという視点である。

　第2は、多摩センター駅からの歩行者路軸によって形成される、シンボル性の高い軸線の焦点としての、中心性の高い施設との接点としての、強い「中心性（コミュニティーのシンボルとしての）」を持つ空間の要請という視点である。そのために、この広場のデザインにおいては、「中心性」の高い空間として、如何にニュータウンの他の部分との空間形態の差異性を造り出すか、という点が問題となった。

　公園計画においては、「風景」そのものが計画の目的となり、「用―もの」という"系"の中ではきわめて抽象度の高い空間の一つであると言える。したがって、その様な場合において、空間デザインは「用」によって規定されず、「景観観」さらには如何なる環境であるべきかという、一種の「世界観」によって規定されることとなる。中央公園のこの広場の計画においても、広場に対する"専用的"な特定の「用」は設定されず、もっぱら「シンボルゾーン」としての「中心性」の高い空間（すなわち、それが場の個性を形成するとともに、中央公園の「顔」となる）であることが求められる。

　ここでいう「中心性」とは、共有財の象徴であり、抽象概念としての「中心性」は、日常的な生活臭を持った、具体的な「個」（サブカルチャー）を越えた、抽象的存在としての「コミュニティー」のシンボルとして、日常性、具体性（日常の「用」に結びついた具体的なもの、風景）の対極的な存在として捉えられている。したがってこの計画において、「中心性」は日常性に対して、強い「他者性」を持つ領域として表現されている。

　すなわち一種の「ワケノワカラナイ」空間との出会いの場として、この広場は位置づけられている。ここでの「他者性」は、特定のかたちを持つ、「もの」としてではなく、それを見る各自が、自己のイメージを投影できる"白紙のスクリーン"＝「空性」として捉えられている。

　「空性」によって、強い「中心性」を表現するという手法は、伝統的な神社の空間にその典型を見ることができる。即ち何らかの「結界」によって区切られた「空地」が、聖性を持つ中心的な場として捉えられている。この広場も、「結界」としてのコロネードに囲われた「空地」としてデザインされ、空間の"虚"、外界を映し出す水面、鏡面仕上げのステンレス等により、その「空性」をより強調しようとしている。

　さらに、「中心性」を強調すべく、4つの「門」が設けられる。すなわち「中心性」とは、常に全体、あるいは「周囲」との相対的な関係において、初めて成立する概念であるゆえに、「周囲」との関係を表すものとしての「門」が設けられている。これらの門は、複合文化施設の軸線に対応しつつ、それぞれ「青竜」、「白虎」、「朱雀」、「玄武」という、東西南北のシンボル性を付与されている。

　これらの門の内、北、東、西の3方は、通路に対応しているが、駅からの軸線の延長である南側の門は、通路に対応せずシンボルとしての門になっている。そしてこのシンボル性をさらに強調するために、「鳥居」状の門型が、軸線上に並べられている。

　「中心性」を持たせるべく、日常性に対して「異化」された空間は、それ故に"非日常的"な「ハレ」の空間としての性格を持つ。「ハレ」の空間は、「様になる」空間として一種の「劇場的」空間となり、その場に居ることが一つの「様になる」シーンに身を置くという効果を持ち、都市生活の中における「見る」、「見られる」という関係の中で、様になる「見られる」背景を提供する。さらにこの広場は、多目的利用の可能な空間として、積極的利用も考慮する。すなわち、この広場の中央の池の水を抜くことによって、多目的催し物広場として利用する事ができる。周囲のコロネードは、ある時は舞台として、ある時は観客席として利用される。

1986-07-30

■ Et cætera − 3

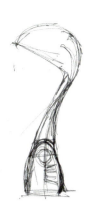
デスクランプのための
デザイン　1984

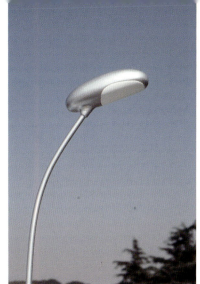
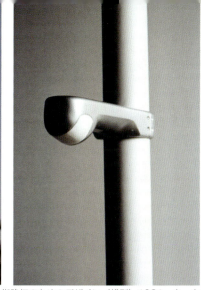
街路灯のためのデザイン（模型）　1981　中・右

イスのための習作（模型）　1984

ワイヤーベンチ　1988（製品化：第一機材　株　写真同社）

車止め　左：1985　右：1987（製品化：第一機材　株）

多摩NT　稲城・向陽台地区のためのサイン計画
左：ウマ、中・上：カメ　1987

■ Et cætera — 4

#47／50　1983

#40　1980
姪　明紀の頭像

#28／29　1981

#9　多摩ニュータウン落合・鶴牧地区　富士見通りのためのエスキース　1980

年賀状　1987

兄弟グループ「南海水泡社」のための
シンボル　1980

#45　1983

■多摩NT（B-4）別所・長池地区　1987

　多摩ニュータウン開発史における、落合・鶴牧地区→稲城地区→長池地区という流れは、「単一的、普遍的解」から「多様性を包含する個別解」へとという、時代の要請に応える都市空間像模索の過程を示すものとして理解できるだろう。すなわち、かつての団地、ニュータウンが拠り所としてきた標準化、等質化、ミニマリズムといった「量の論理」の結果は、様々な批判の対象となり、「質の論理」が求められた。

　「単一的、モノトーン」から「多様性を包含するパッチワーク」へという流れは、重層的開発条件をもった長池地区にとって必然的なものであったと言える。長池地区の骨格構造は、落合・鶴牧地区のそれのように、自立した"超越的"スーパーストラクチャーを持たず、多様な場に埋め込まれた"全体性"による場－構造化と言える。

　長池地区の構造化の中心になるものが「2核構造化」である。従来型の駅前のポテンシャルが最も高く、駅から遠ざかるに従って一方的に住宅地としてのポテンシャルが低下するという、1核構造の問題点を克服すべく、駅から遠いところに、駅前核とは性格の異なる「核」を設定し、2核の相乗効果により、多様性のあるまちを創りだすことを目指した。長池地区には保全型の大型公園があり、それを駅前核のカウンター核としている。

　駅前の高密で、ドライで"都市的な"空間に対し、長池周辺の開けた、ウエットで"田園的な"空間という、様々な変化と魅力を持ったまちを生み出すことを目指した。

　この2核を結ぶ軸が"せせらぎ"（別所川）であり、パッチワークを貫く地区構造として「2核1軸」構造を構成している。

「2核構造」1987 基本計画

高密で都市的な駅前核　京王堀之内駅前　右手オブジェはイタリーの作家による（企画 B-WAY'S）

「まちの中の川」集合住宅と水の絡み合い　　　　　　　　カウンター核ー長池見附橋と長池公園の「姿池」、田園的な核の姿

■横浜ドックパークコンペ応募案　1984

大石憲治郎・荻野隼一・金井一郎と共作　　　　　模型製作：金井一郎

■東京都葛西臨海水族園 外構設計　1989

建築：谷口吉生　外構実施設計はエキープエスパスに委ねた。当初淡水魚の展示は、屋外の「川」を横から覗き込む形の展示が求められたが、技術的困難から建築物内の水槽展示を提案した。

平面図　1989
原図：谷口建築設計研究所

初期検討模型　1987
模型製作：金井一郎

エントランスの人壁　壁を滝としたのは谷口氏のアイディア

■静岡市　青葉通り　1986／1988

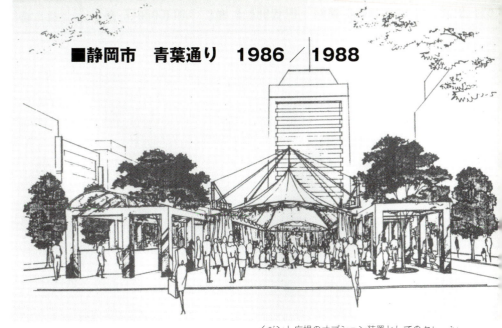

イベント広場のオプション装置としてのクレーン
左模型写真参照　（イラスト：大久保朋子）

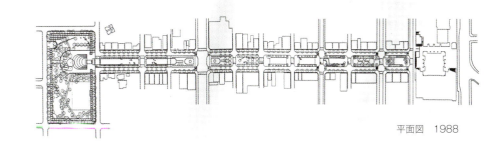

平面図　1988

模型製作：金井一郎

■神戸ハーバーランド　1987

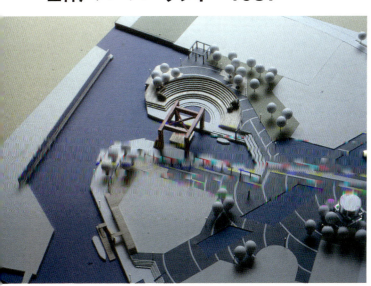

左：1次案模型　船溜まり中央はクレーン型の吊り舞台
中：2次案模型　建築は安藤忠雄
右：ハーバーランド線の歩道に設けられたカナル

■ストラクチャーの「様式」について

「メタカルチャー」の中枢となる、骨格構造体は、如何なる「様式」を持つのか？

◆ 都市はいくつかの「サブカルチャー」の複合体としての、「メタカルチャー」体である。

◆ 都市はいくつかの「サブシステム」の複合体として現象する。

◆「メタカルチャー」体の骨格構造体は、それ故に単一システムによっては構成されず、いくつかのシステムを内包する「メガストラクチャー」でなければならない。（？）

◆ この「メガストラクチャー」としての骨格構造体は、一つの「サブカルチャー」の表現体（単一様式）でありうるか？

1984-06-28

○ 2016年のメモ

「メガストラクチャー」が単一様式ではないとしたら、あるいは様々なサブカルチャー表現体であるとすれば、「骨格」も「地」もメタカルチャー体となり、「図と地」という図式における、骨格構造体への「異化」の要請と矛盾するのではないか。

サブカルチャー体同士間の異化とは？

特化したサブカルチャーの組み合わせか？

■〈他者としての環境〉

1. 道具としての「骨董」
2. 住みにくい家
3. 街―他者としての歴史（上位計画／街並み／歴史）
4. 環境としての自然

1989-08-26

■ 1989・11・15　幕張「インフラテック」講演のためのメモ（概要）

住宅・都市整備公団　「午後のサロン」

◆「都市と風景」

都市の景観を形成する諸力の力学的考察

「知」の形式としての景観（観）

③都市とは差異性である。

都市はその内外に、差異性を発信し続けることによって存続し続ける。差異性を発信できなくなった都市は、衰退してゆく。その差異性を動かしているものは、ある種の"自然"ともいえる身体性である。

差異性を最も強く発信するものが、「商業」であり、（多分）「宗教」であり、「芸術」であり「オープンスペース」である。それらは地域社会或いは共同体の「外」の世界に属する他者であり、日常性によっては「計りえない」ものである。したがって、都市は、3つの「平面」をもつ複合体として理解することができる。

1つ目は、「内的」全体性ともいうべき「インフラ」であり、Logos である。

2つ目は、「内的」部分性ともいうべき、いわゆる「上物」であり、Eros である。

3つ目は、「外的」全体性ともいうべき、「他者」であり、Cosmos である。

これら3つの「平面」を包括するシステムが「都市」の構造である。そして、これら3つは自立した系であり、並行的な系である。

・インフラの論理―全体＝行政のメッセージ
　　　　　　　　　秩序＝外挿的力
・上物の論理　　―部分＝生活のメッセージ
　　　　　　　　　多様＝混沌

1989-11-15

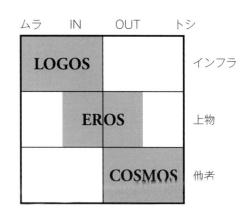

函館港 港湾緑地「緑の島」計画 1993 （イラスト 大久保朋子）

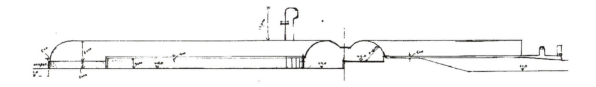

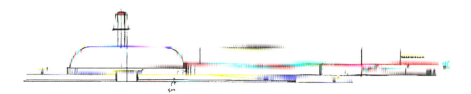

「緑の島」ウインターガーデン
冬季も快適な屋内多目的施設

■「幕の内」と「まぜご飯」

　しばらく前の事であるが、ある席上で都市を「マクノウチ」と「マゼゴハン」のアナロジーで語った事があった。「マクノウチ」は弁当の枠に相当するインフラが明快に空間をコントロールしているのに対し、「マゼゴハン」は各種の要素が混在している状況を語ったつもりである。これらの相違とは単に要素のグレインの大小という事にとどまらず、それぞれの要素が互いにその「味」を染み出させる事によって渾然一体となった味を作り出しているか否かという差がある。

　そしてこれらの例としてシンガポールとホンコンを取り上げたのであるが、考えてみるとこれらの他に「西洋料理」というのがある。

　つまり、それぞれの要素は完全に時空的に分節され、スープと肉を一緒に食べるというハシタナイことはできない。街は機能とか、それ以上に貧富の差によって分節される。しかしこうゆう街は概して面白くない。王宮の隣にスラムがあったりする街の方が何といっても存在感がある。洋の東西を問わず魅力的な街というのは大体「マゼゴハン」型であるように思われる。

　我国でも下町の再開発などで街がつまらなくなってしまうのも、現代の都市計画のセオリーが「マゼゴハン」の否定の上に成り立っているからであろう。

「JAPAN　LANDSCAPE」SUMMER
プロセスアーキテクチャー　1986

多摩ニュータウン
長池地区　堀之内駅前の
イメージスケッチ
"香港の様な街…"
（駅前地区計画打ち合わせ資料）

■ Et cætera − 5

父 桂平 1981 千倉にて

キダチベゴニア 2005

横浜港 クイーンタワー 1981

横浜港 本牧 1981

デッサン 1982

サントリーニ島（ギリシャ）1995

タンジョンジャラ（マレーシア）2003

Part5/1990 − 2000

■「超級広場」 1992

　「超級広場21」は、首都圏のニュータウンの　駅前の広場の計画である。古来、「駅」は海路の「港」と共に、交易の拠点であり、人、物、文化情報の交差点であった。外来の人、文物、情報のあふれる「駅—市」は、それ故に「外」の力の影響の強い場であり、しばしば未知の力の支配する「アナーキー」な場であった。

　都市を「光」と「闇」に分けるならば、「駅—市」は「闇」の領域に属する空間であり、単一的秩序の支配から自由な、この「カオス」の支配する場はそれ故、都市を都市たらしめる魅力を発信する中心となった。

　人々の集まるところは、また「カミ」も集まる。

　未知の力の支配する「闇」の領域は、そもそも「カミ」の領域である。「駅—市」は様々な「カミ」の宿るところでもある。

集まる人々の様々な不安や、欲望や夢に答える「カミ」たちが様々な姿に化身して現れる。時には芸術として、時には機械システムとして、また時には「カミ」そのものとして。

　「超級広場21」の「カミガミ」は、「自然回帰」と「ハイテク化」という、20世紀末的な「カミ」達であり、広場は超合理的存在としての「カミ」達の様々なシンボルによって囲まれている。この広場は、ニュータウンを単なる巨大団地以上のものとするための装置であり、平均化され管理化され、窒息してゆく都市への異議申し立てである。空間的にはモダンデザインが失ってしまった強い磁場を持った場の復活を目指すものである。そして、「聖」と「俗」とが併存し、「カミ」と「キカイ」が共存する「アジア的カオス」への、都市デザイン面に於ける意図的な接近なのである。

1992・05・21

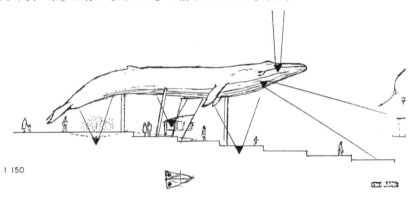

1:150

照明システム／サーチライト、スポットライト、ライトアップ

模型製作：金井一郎

■港北ニュータウン第2地区シンボル広場
「超級広場」から「スキップ広場」へ

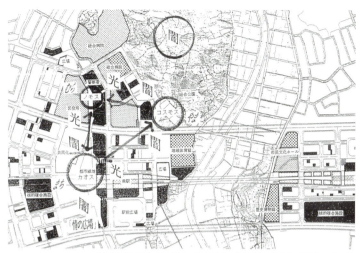

港北NT第2地区シンボル広場〈MK2〉のシンボルについて

港北ニュータウンの第2地区のシンボル広場は、第1地区の「知の広場」に対して、「情の広場」として位置づけられている。それ故に第2地区の広場のシンボルは、躰の5感（あるいは6感）を通じて感じられる、自然との接点によって構成されている。すなわち、知識として理解される「自然」ではなく、木陰の爽やかさ、木の床の温もり、吹き抜ける風の爽快さ、木や草の花の香り、樹幹一杯の花に包まれる驚き、水音の豊かさ、風に揺れる風鈴の涼しさ、陽だまりの温もり、日向水の暖かさ、等々といった「自然と共にあることの豊かさ」という体験そのものが、心の中に自然を呼び起こすことのシンボル性を目指している。そのための装置が「宮＝フォーリー」の1から6までの要素として配置されている。これらのシンボルは自然の持つ多様な豊かさを示すものであるので、一つの中心的な焦点は持たない多焦点型となっている。丁度、神社の境内に多数の社を持つような形をとっている。これら一つ一つの「社」が、季節、季節に応じて自然の豊かさを感じさせてくれるのである。これら自然の「力」そのものをはっきりと示すために、装置そのものは極めて人工的で、メカニカルな形態としている。すなわち装置そのものの持つ「ムード」に頼らないで、自然の「力」を感じることを狙いとしている。また、この広場には5種の「木」をシンボルとして計画している。これは、「植物」という人に最も身近な、しかし「動物」としての人間とは全く異質な、しかし動物にとってなくてはならないパートナーとしての植物が植えられめてある。在来種、外来種、花も見るもの、食用とするもの、材木を利用するもの、自然種、園芸品種等々といった多様な植物との接点のあり方が表現されている。

1993-11-10「シンボル広場MK-Ⅱ」説明書

デザインコンセプト

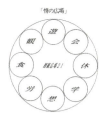

港北NTはグリーン系（自然系）とオレンジ系（都市系）という2つの都市骨格によって構造化され、それら2つの系が出会うタウンセンターは、港北NTを象徴する最もシンボリックな場と位置付けられた。そして、センター北は「知」の広場、南は「情」の広場と位置付けられた。

さらにシンボルとして、知（光）―情（闇）、文明―自然、言葉―感情、ロゴス―エロスという対立項が設定された。

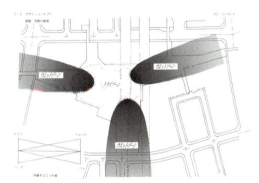

デザインコンセプト（空間の様相）ドライーハードな都市領域に貫入するウエットーソフトな領域

相対峙する2つのシンボル

センター南においては、これら2つの系の出会いは、相対峙する2つのシンボルによって表現することを目指した。

そして、シンボルは理解ではなく直感できるものを目指した。その選択は極めて単純で、分かり易いものであった。自然系のシンボルとして選択したのは、地球上最大の動物であるクジラであり、相対する人工系のシンボルは、建設機械であるタワークレーンであった。しかし、クジラの構想に対しては「なぜ内陸地でクジラなのか？ 反捕鯨のメッセージではないか？」という政治的懸念まで飛び出し、受け入れられなかった。それを踏まえ、まったく異なるアプローチの〈MK-Ⅱ〉が検討された。

■MK-Ⅱから「スキップ広場」へ

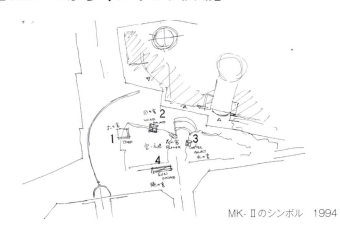

MK-Ⅱのシンボル　1994

〈MK-Ⅱ〉の検討では、初めの案のような形象としてのシンボルではなく、自然のエネルギーあるいはポテンシャルを、感性を通じて体験できる場を目指した。それらは、「空」(広場)を中心に「木」、「風」、「花」、「水」、「陽」の6つのフォーリー＝「宮」として表現された。

〈MK-Ⅱ〉の模型　1994　(模型製作：金井一郎)

上段左から「空」の広場、「木の宮」、「花(金)の宮」、「風の宮」
下段左から「水の宮」、「陽(火)の宮」の6つの肌で感ずる
シンボル

■千葉市原ニュータウン　おゆみ野地区

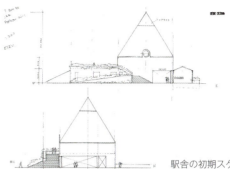

オープンスペースシステム

駅舎の初期スケッチ　1992

京成電鉄　学園駅前駅舎（協働：三橋建築設計事務所）及び駅前広場

駅コンコースの天井

春の道　扇田橋　1992（左とも）構造：株 長大

古の道

夏の道

　千葉・市原ニュータウンは、計画当初千葉、市原両地区を結ぶ環状の2次交通ルートとして、広幅員の歩専道が計画された。後に歩専道は広幅員の緑道として整備された。

■「仮想世界との上手なつきあい方」

　大多数の庶民にとって、リゾートの提供する生活は、増幅されたイメージを満たす、束の間の夢の世界であり、その意味でスピルバーグが描く「恐竜」と同じ位、非日常的な仮想世界なのである。世界的リゾート、バリ島の例をとろう。良きバリのリゾートの魅力は、仮想世界としての空間と、現実のバリ島民の日常生活空間が、しばしば交差することである。例えば、ウブドゥの「アマンダリ」では、バリの集落を模したホテルの敷地内を通って地元の農民が畑に通う。とはいえ、リゾートが地元の人々の生活と切り離された、虚構空間であることには変わりはない。それ故、リゾートはしばしば、現実のバリよりもバリらしい。人々はその虚構の向こう側で、悠々と日常生活を営んでいる。

　バリのリゾートで見ることができる伝統芸能の多くは、宗教的行事に由来するものが多い。バリの宗教的行為における「トランス」は有名であるが、あれも本物なのか演技なのか、本当のところは分からない。しかし、たとえ演技であったとしても、それが仮想世界としての宗教体験へ至るプロセスであったとすれば、本物かどうかを詮索することは無意味なことである。

　だが、それが観光化して、リゾートのアトラクションとなると、話は違う。今日バリの観光地で見られる「伝統芸能」を通じて、今尚近代に毒されていない、桃源郷バリを思い描くとすれば、それは大変な間違いを犯すことになる。

　かつて、ウブドゥで踊りを見た帰り、つい先程まで幻想的優雅さで踊っていた踊り子が、踊りを終えて、演奏をしていた男の子の運転するバイクの後ろに、舞台衣装のままチョコンと横掛けになり、闇の中に颯爽と消えていったのを見て、感じ入ったことがあった。それは一種まぶしい光景であった。また別の機会には、ガムランの演奏をしていたおばさんが、自ら運転をするバンに、ガムランのメンバーを乗せて、走り去っていったのを見た。舞台の上の虚構世界と、現代的日常生活の姿が、そこではワンセットになって、まったくあっけらかんとオープンに観客の前に示されているのである。そこにバリのすばらしさがあると思う。もし、そこでバイクや自動車といった現代生活の姿が隠されて、バリでは今尚時代とは切り離された、生活が営まれているといういい方をされたら、まったくそれは「許せない」。スピルバーグの恐竜にしてもそうだ。

　「ジュラッシックパーク」にせよ「ロストワールド」にせよ、映画とほぼ同時に「メイキングもの」の本が出て、映画の中の恐竜がアニマトロクスかCGか、という種明かしがされている。つまりスクリーンの中の仮想存在としての恐竜と、種明かしされた現実世界の仕掛けは、観客にとってワンセットのものなのだ。

　言い換えれば、観客はあの恐竜が「作り物」であることを知っているから安心してみていられるのであって、誰かがあれは本当にコスタリカで「本物」の恐竜を映したものだといったら、誰もそれを「許さない」だろう。「許せる」仮想世界とは、その仕掛けが明らかとなっているものであろう。仮想と現実の二重写しを楽しむところに、仮想世界の本来の楽しみがあるはずだと思う。仮想世界と現実の見境がつかなくなったらアブナイ。「能」にしても、演ずる生身の人間と、付ける面とのズレが、あの世界を作り出すのであって、あれが生々しい、まったくの変装のようなものであったら、何とも見るに堪えないものとなるだろう。

Apakah anda juga piker seperti itu?

1997-10-04
第6回 都市環境デザインフォーラム・関西
「仮想世界の誘惑」現代都市におけるリアリティとは何か

AMANDARI（バリ島）1995

■「A HOUSE OF DOLL 1992」

快楽としての「共生」
―用意するもの―

・通りに面した3階分の高さのスイカズラの壁。
・入り口脇の竹の植え込み。
・1階ゲストルーム南側のハス池。
・ハス池の上のジャスミンの棚。
・壁に埋め込まれた雨水貯留タンク。

・2階階段脇の1層分の高さがあるアクアリュウム。
・2階から通りに飛び出した大きな鳥かご。
・2階居間南側のバルコニー。
・バルコニーの上を覆うブドウ棚。

・さまざまな古材、再生材で構成された室内。
・四季を通じて欠かさない花と果物。

・居間の吹き抜けに置かれた大きなダチュラの鉢。
・2階吹き抜けに面した中3階のインドアガーデン
・ガラス壁に囲まれた小さな植込みに面するベッド。
・3階の花に囲まれたバスタブ。

・小さな温室になっているガラス張りの階段室。
・常緑樹を植えた小さな屋上庭園。
・屋上の小さなデッキ。
・ハーブを植えた大きな植木鉢。
・バードバスとなる水鉢。

・太陽電池を組み込んだ屋根。
・バスルームの上の金属製2重屋根。ホットチェンバーが組み込まれ、暖気を下に送る。
・2階吹き抜けの壁に沿ったスリット上のトップライト。
・夏の日差しを遮るルーバー。冬はルーバーの間から2階の吹き抜けに日が差す。

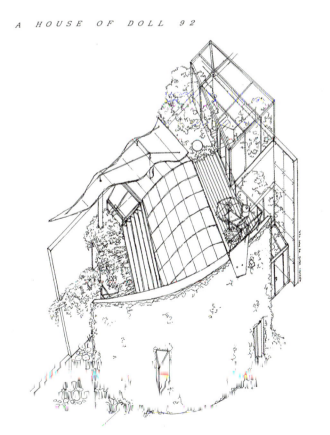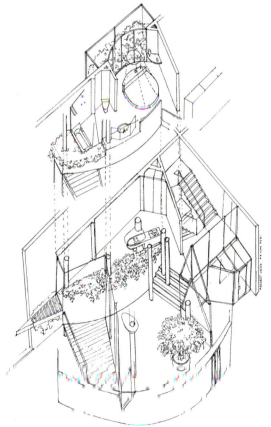

第9回都市環境デザインフォーラム・関西 「環境共生型都市デザインの世界」 2000.11

■間と隙間（抜粋）

　空間における「間―隙間」は、いわば内―外のどちらでもないところであり、基本的には「内―外」という構造の存在が前提となる。この章では、「間―隙間」という関係を生み出す空間形態及び仕掛けと、そこに「宿る」ものの可能性について述べている。それは、こうした「間―隙間」の存在と、そこに宿る諸々が都市を活性化させ、個性化してきたと仮説するからである。「間―隙間」の空間は「関係」における限定を嫌い、そこにある「隙間」あるいは「バッファー」を介在させる。この「隙間」あるいは「バッファー」にはある種の「あいまいさ」が常に存在する。このあいまいさは時として、「ゆとり」と呼ばれ、また「あそび」とも「にげ」とも呼ばれる。その関係は「ソフト」と呼ばれるよりも「ルーズ」である。そのあいまいな関係故に「間―隙間」には様々なものが「宿り」、それによって関係が生成される。あるいは関係が「自ずと成る」のである。この構造が、多様性を排除しない寛容さ、包括性を生み出し、都市に柔軟性と多様性、活気をもたらしてきたと考えることができる。「間」とはA、Bがそれぞれの独自性を保ちながら一つの関係を形成するすぐれたシステムであり、A、Bいずれかの論理によって一元化されることを避けるばかりではなく、さらにA、Bを統括する一元的論理をも排するのである。それは基本的に多元的である。A、Bは2にして1であり、1にして2であるという関係を「間―隙間」を介して形成する。「間」を介しての関係は「目的―手段」という限定を何処かで保留あるいは停止することによって、ある種の普遍性を獲得しているようにも思われる。計画とは、し尽くすものであり、し尽くし得るものであるという前提に立つモダニズムにおいては、このプロセスは計画の放棄として、当然ネガティヴな評価がなされてきた。しかし、そこにこそモダニズムが犯してきた「純化」、「排除」に代る別の可能性があると言えないだろうか。今日の都市デザインの問題として、その「柔軟性」、「動態性」、「包括性」がもっと積極的に評価されるべきであると考える。「間―隙間」はA、Bの内部では処理できないものが「仮り」に「宿る」場であり、さらにA、Bを越えたより大きな関係の中で発生してきたもの（C,D,E…）を処理する場ともなる。このような関係が、それぞれに或るメリットをもたらすという事が、この構造を支えている。こうした「場―関係」を評価する視点から見ると、都市における統一的組織原理は、あくまでも「タテマエ」でしか無いと捉えられる。無論、都市とは「タテマエ」の場であるという「大文字の都市」という立場もある訳であって、それ故に日本には「都市」および「都市計画」がないという言い方も成り立ってあろうが、恐らく、こうした「大文字の都市」と「間―隙間」の都市＝「小文字の都市」は本質的の別物であって、この不文律によって、多分に情動的に運営されてゆく「間―隙間」の部分にこそ、都市に活力と生きた個性と、限りない魅力と未来を与えてくれるものがあると思われるのである。次のページ以下で、こうした「間―隙間」の様相を日本及びアジアの諸都市の事例の中に見てゆきたい。ここでは、「間―隙間」を一種のフラクタクルな系として捉え、建物を構成するエレメント間の「間」から、都市空間における「隙間」に至るまで一括して取り扱っている。（以下略）

〈間の空間〉を生かすデザイン
「都市環境デザイン」13人が語る理論と実践
都市環境デザイン会議関西ブロック著
学芸出版社　1995

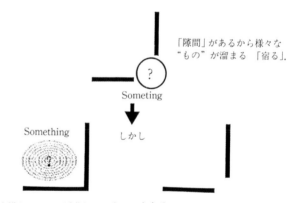

街に充満している　浮遊している Something

「隙間」があるから様々な"もの"が溜まる「宿る」.

むしろ　それら"Something"を処理する「しかけ」として「隙間」が必要となるのではないか？

図91　都市の「隙間」

みどりの京都　祇園　巽橋　2001

■北九州学術・研究都市南部地区 基本計画 1995

●基本計画見直しの方針

現行基本計画案は、「豊かな緑とゆとりある環境に育まれた学術・研究の街」という基本理念に十分に応えられていないのではないか。

①現行の計画案は

といったシステムを否定したところに立脚している。
すなわち、このような在り方ではない生活の場として、「都市計画」が立案されている。

②その結果、地形、水系にせよ植生、文化財にせよ、断片として取り扱われており、全体的な有機的システムとしては継承されていない。そこには、歴史性の連続はなく、単に要素の断片が地区内に散在しているだけである。

③したがって、自然的・文化的歴史性を機軸とした計画として、本計画を説明することは困難である。それは実体を伴わない、単なる言葉に終わってしまう可能性が大である。

④そこで、自然的・文化的歴史性を統括するシステムとして「ランドストラクチャー（現況地形保全）」により、環境基盤の形成を提案する。

⑤さらに、都市システムとして、「ロードサイド・フォレスト」、「スパイン・ゾーン」、「グリーンクロス」といった、要素により地区全体に、自然的・文化的歴史性と都市性を包括するオープンスペース骨格を形成する。

1995-04-19 牧敦司氏（JUN）へ送付の打ち合わせメモ

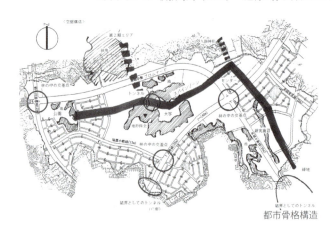

都市骨格構造

グリーンクロス（林の中の交差点）のイメージ

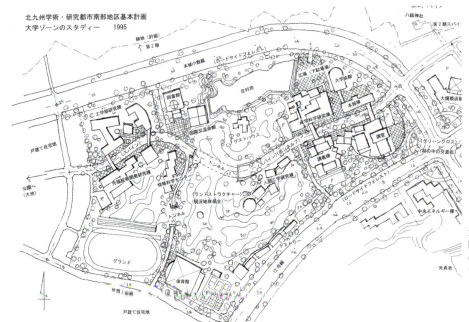

大学ゾーンのイメージ
開かれた骨格構造（スパインゾーン）の形成により、地域の環境骨格を造出する
（牧敦司氏の図に加筆、リライト）

■仙台長町地区基本計画　1995

- 仙台市の南玄関、長町地区に位置するJR車両基地跡の再開発計画で、新たな仙台の「副都心」を形成する。

- かつて、仙台は武家屋敷の森が連なっていたことにより、「杜の都」と呼ばれた。
  「長町地区」の計画では、現代の武家屋敷たる企業用地内を積極的に緑化することにより、21世紀の「杜に包まれた副都心」、緑の業務街の実現を目指す。

- そのための作業仮説として、
  ①沿道施設用地内の積極緑化
  ②屋上緑化の推進
  ③建物壁面緑化の推進
  ④幹線道路等の緑化
  さらにクリーンエネルギーの推進等を挙げる。

「杜に包まれた副都心」のイメージ

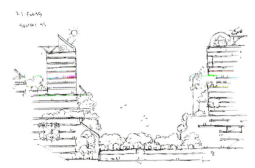

幹線道路（南北幹線）の断面イメージ
緑の天蓋／屋上緑化／壁面緑化／グリーンハウス
ソーラーシステム…

「杜の都21」仙台長町全体計画

■浦安東地区シンボルロード '96

Ⅰ キーコンセプト
　1．浦安シンボルロードの位置と方向性（略）
　2．既整備部分シンボルロードの構造
　　・車道の一貫性
　　・歩道の多様性―「緑」豊かな多様な「庭園」の連続体
　3．浦安東地区におけるシンボルロードの位置づけ（略）
Ⅱ 浦安東地区シンボルロードの基本構造
　1．基本的視点
　　・都市のクライメート・コントロール・システム＝緑の「バイオシェルター」
　2．基本構造の確認
　　・隣接土地利用に呼応した多様な「園地的」空間の連続体
　3．ゾーニング
　　・センター／行政・誘致施設ゾーン
　　・業務・住宅融合ゾーン
Ⅲ 基本コンセプト
　1．イメージ・目標の設定
　　ⅰ都市空間像の構築
　　　・ドライでハードな都市像から、ウエットでソフトな都市像への転換
　　ⅱ目標
　　　・「緑」を都市核として持つ中心地区の形成
　　　・浦安東地区における「みどりの核」の創出
　　　・「みどりの核」の基幹としての「庭園道路」の提案
　2．基盤の役割とあり方
　　・柔軟性のある整備のあり方が求められる
　3．コンセプト
　　ⅰ「庭園道路」
　　ⅱサブコンセプト　・バイオシェルター
　　　・凹凸のある街並み　・フリーフロアー
　　　・環境多様化因子＝水・クリーンエネルギー
　　ⅲデザインコンセプト　・ヒューマンスケール
　　　・シンプルな形態　・なるべくものを造らない
　　　・最小限の舗装　・安全性
　　　・リサイクル材

住宅都市整備公団首都圏都市開発本部
（'96-09-12 浦安公園緑地課打ち合わせ資料）

●そして結果は…

公共用地としての歩道部分は、専ら緑化スペースとし、通路は小幅員の遊歩道（自転車道付）に止め、メインの歩道はセットバックした民地内の回廊（原則屋根付）に委ねている。またセットバックした部分にそれぞれの「庭園」を設け、そこにカフェやキオスク等を設置し、屋外空間を楽しめるようにし、それらの連続によりシンボルロードを緑あふれる「庭園道路」とするこの提案は、"当然"受け入れられず、ごく普通の「道路」として実施された。

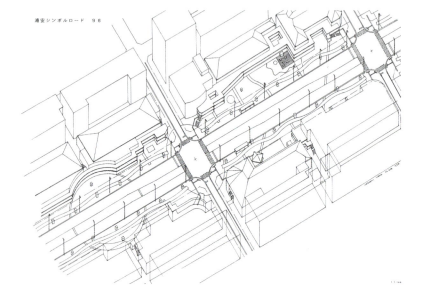

浦安シンボルロード　96

凹凸のある街並み。屋根付の回廊。セットバック部分の「庭」とカフェテラス等々

■ Et cætera－6

多摩NT 稲城地区3住区サイン計画　1998

多摩NT 別所・長池地区　堀之内駅前広場照明
1989
SUSの仮面は黒川（上野）淳子作
(photo K. Ohishi)

多摩NT 稲城地区
堀之内駅前広場舗装　1988
さまざまな素材のパッチワーク

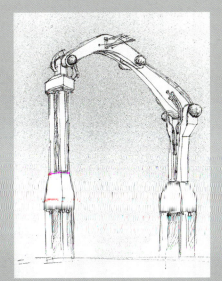
別所・長池地区 堀之内駅前　噴水計画　1990

多摩NT 別所・長池地区 長池公園「姿池」モニュメント "NIKE" 1994
旧四谷見附橋のアーチリブ残材を使ったモニュメント

■〈MARK-Ⅱ〉のプロット

〈MARK-Ⅱ〉は1990年頃、シェークスピアの〈マクベス〉を下敷きに、構想された未完の物語である。

「21世紀に入って、日本列島の土地は、全て新潟の〈空飛ぶブルドーザー〉によって地上げされてしまった。住むところに困った人々は、大建築家〈タンゲ〉の力を借りて、列島沖に人工島〈MARK-Ⅱ（JAPAN-MARKⅡ）〉を造って移住した。

〈空飛ぶブルドーザー〉は、地上げが成功するようにと、ある魔法使いを訪れていた。

魔法使いは、秘策を授けるとともに、『もし、磐梯山の森が壇ノ浦まで動いたら、（無論、これは〈マクベス〉の"バーナムの森"と"ダンシネイン"の語呂合わせである）お前は死ぬ』という呪いをかけた。

地上げにより大儲けを狙っていた〈空飛ぶブルドーザー〉は、人々が〈MARK-Ⅱ〉に移住してしまったので、土地が全く売れなくなってしまったため困り果てた。

空地のまま放置された列島は、モンスーン・アジアの高い生産力のおかげで、たちまち草が生え、木が生い茂り、またたく間に"森"になってしまった。そしてついに、東北磐梯山の麓から瀬戸内壇ノ浦まで、森が続いてしまった。これを知った〈空飛ぶブルドーザー〉は、己の最後を知り、壇ノ浦で碇を背負って海に飛び込み、自らの命を絶った。」

この歌舞伎の〈碇知盛〉を下敷きにしたラストシーンを、私は大変気に入っているのだが、ついに今日に至るまで、この話をまとめ上げることは出来ていない。

2016-09-22

■上海陸家嘴中央緑地　1997

中央緑地は、上海浦東地区オフィス街の中心部に位置する公園である。

このプロジェクトは、上海の友人梁小侠氏の依頼で始めたものであるが、途中で中国側に"本命"があるということが判明し、その後個人的スタディとして、条件を無視してまとめたものである。

都市における複合文化施設としての"緑地"のあり方を提案するものである。

■「アルカディア・プロジェクト97」
「有機的都市」あるいは「動態的都市」への接近

都市とは本来生物の"群体"のような有機体なのではないか、現代のスタティックで機械論的な都市計画は違うんじゃないかと、ずっと考えてきた。いまだに答えが見つからないが、もっと多様で、自律的で、活気があって、魅力的な"場"を計画することは、きっとできるはずだと思っている。

この試論は、総合化の名のもとに一元化を指向する現代都市計画への異議申し立てであり、都市構造概念の再構築、更には都市計画概念の再編成への提言である。

●SUBSTANCE（実質＝都市細胞）

"実質"は都市活動の場となる空間領域であり、実質の集合をここでは街（パッチ）と呼んでいる。これは機能概念ではなく運動に関わる概念であり、まちの主体及び"ふるまい"のモードによる分類である。従って、それぞれのカテゴリーの実質には住居、生産、流通、etcの多様な機能が含まれている。実質は都市における"パワー"の空白（GAP）によって運動を始め、顕在化する。都市を構成する実質は、そのモードによって2つの"極"として捉えられる。これら2つの極の関係は基本的には"併存"であるが、境界は時として不明瞭であり、中間的な街（インターミディエイト・タウン）を形成する場合がある。2つの極の関係も多様であり、一方の極が卓越するエリア、あるいは両極拮抗するエリア等がある。またこれらの関係も固定的なものではなく、常に変動しているが互換性はない。活力ある都市を形成するために、多様な街の"群れ"は不可欠であり、都市の多様な様相を併存させることは、都市を環境的"遺伝子"のプールとすることでもある。

◎URBANSTRUCTURE（ライフライン）

"アーバンストラクチュア"は、サブスタンスを支える"供給ー循環システム"であり、組織化する媒体である。交通、情報、エネルギー、水等々のいわゆる"ライフライン"である。サブスタンスは、アーバンストラクチュアによって支えられ成長するが、サブスタンスの成長にともなって、アーバンストラクチュア自体も成長する。

○MATRIX（都市間質）

"マトリックス"は都市生成の母体となる"基盤システム"である。都市を構成する様々なサブスタンスは、マトリックスの中に"浮遊"しており、時として多様なサブスタンスを"分割"するバッファーとなる。マトリックスは、サブスタンスに対して"空き"あるいは"隙間"であり、サブスタンスの成長に伴って、その存在形態は変化する。

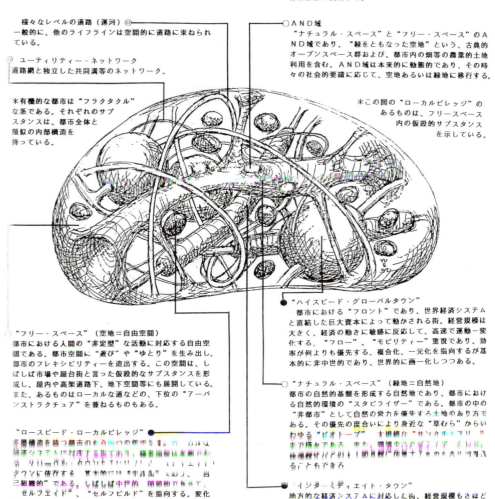

様々なレベルの道路（運河）◎
一般的に、他のライフラインは空間的に道路に束ねられている。

◎ユーティリティー・ネットワーク
道路網と独立した共同溝等のネットワーク。

＊有機的な都市は"フラクタクル"な系である。それぞれのサブスタンスは、都市全体と類似の内部構造を持っている。

○AND域
"ナチュラル・スペース"と"フリー・スペース"のAND域であり、"緑をともなった空地"という、古典的オープンスペース群および、都市内の畑等の農業的土地利用を含む。AND域は本来的に動態的であり、その時々の社会的要請に応じて、空地あるいは緑地に移行する。

＊この図の"ローカルビレッジ"のあるものは、フリースペース内の仮設的サブスタンスを示している。

●"ハイスピード・グローバルタウン"
都市における"フロント"であり、世界経済システムと直結した巨大資本によって動かされる街。経営規模は大きく、経済の動きに敏感に反応して、高速で運動＝変化する。"フロー"、"モビリティー"重視であり、効率が何よりも優先する。複合化、一元化を指向するが基本的に非中世的であり、世界的に画一化しつつある。

○"フリー・スペース"（空地＝自由空間）
都市における人間の"非定型"な活動に対応する自由空間である。都市空間に"遊び"や"ゆとり"を生み出し、都市のフレキシビリティーを創出する。この空間は、しばしば市場や屋台街と言った仮設的なサブスタンスを形成し、屋内や高架道路下、地下空間等にも展開している。また、あるものはローカルな道などの、下位の"アーバンストラクチュア"を兼ねるものもある。

○"ナチュラル・スペース"（緑地＝自然地）
都市の自然的基盤を形成する自然地であり、都市における自然的環境の"スタビライザー"である。都市の中の"非都市"として自然の力が優先する土地のあり方である。その優先の度合いにより身近な"草むら"からいわゆる"ビオトープ"、大規模な"サンクチュアリ"まで様々である。また、治水的位置づけや文化的な位置づけから、古くからの社寺林や城跡等もこの中に含めることもできる。

◉"ロースピード・ローカルビレッジ"
多層構造を持つ都市のローカルな経済に対応する街で、その経済システムに対応する様々な街がある。経営規模はさほど大きくなく、ローカリティーに依存する。基本的に"セルフ"であり、"自己組織的"である。しばしば中世的、閉鎖的であり、"セルフエイド"、"セルフビルド"を指向する。変化の速度は概して遅い。時として伝統あるいは自由、自治が尊重される。表面的には"CHAOTIC"である場合もあるが、最もローカリティー豊かな街の様相を伝えているところでもある。

●"インターミディエイト・タウン"
地方的な経済システムに対応した街、経営規模もさほど大きくない。変化の速度は様々であり、速度の遅い"老舗"型から、"CHAOTIC"で、変化の速度の早い"ロードサイド・タウン"型まで様々であるが、ある程度類型化できる。

「都市環境デザイン '97」
都市環境デザイン会議関西
ブロック 1997

■ SATAIの串

　Tenganan（Bali）で最後に訪れた家はひと気がなかった。同行したメンバーが空き家ではないかと疑ったほど、がらんとして生活を示す「もの」が見当たらなかった。そのことは恐らく、我々が背負っている文化の文脈の中で、「生活」を示すものが見当たらないということである。わずか鶏とbalai bghaの軒先に吊るされた鳥籠の中の小鳥が、此処に確かに人が住んでいるということを示しているのみであった。この家は多くの家が屋根を架けてしまっているnatarに屋根がなく、比較的オリジナルな状態が保たれているように思えた。そのnatarのSanggahの前に、一掴み程の造りかけのsataiの串が干してあった。そして傍らのbalai bgahの棚の上にはきれいに仕上げられた串が並べられてあった。恐らくこの家の主の副業なのであろう。日本の焼き鳥の串に比べて、一回り細く鋭いその切っ先をみていて、ふと鳴海邦碩先生の「サテイの串」理論を思い出した。分かったことを（sataiのように）すこしずつまとめる、そしてそれが連なって高分子の鎖のような大きな全体系を造り上げる。いつもながらうまい例えだと感心しながらも、それは貫き通す串の鋭さ、串を刺すひとの手際如何にかかっていることだとも思う。首尾よく材料が手に入ったとして、それをまとめる串は自前で用意しなければならない。そしてその串は、それを扱う人の背負っている文化の文脈を超えることはないのだ。

　今回のセミナーの一つのテーマであるconservationという問題を考える時、それがすぐれてmodernismの産物であり、非modernismがmodernismに対して示す特異な"振る舞い"であることに気が付く。

　都市とは多かれ少なかれ歴史の産物であり、都市空間とは様々な時代的変化の断片の集積物に他ならない。生きている都市とは常に変化しつづけるものである。こうした了解を超える"許しがたい"変化として、modernismがもたらした、変化が捉えられているのだ。「同一化」、「最大化」、「集中化」、という諸相（A.トフラー）への異議申し立てがある。

　したがって、conservationとは、そもそもmodernismの理解と評価に関わる問題であり、そこでConservationに関わるsataiを造るとするならば、その串を扱う人の内なるmodernismを問いなおし、その理解を鋭く磨き上げることが求められている、ということになるはずであろう。

JUDI関西1999インドネシア・セミナー」文集
都市環境デザイン会議・関西ブロック　1999

EXPO 90「水辺みち」1990　木・竹・石
等の自然材による仮設空間・祭りの空間
天蓋のデザインは小野塚秋良

■〈EXPO 90〉国際花と緑の博覧会会場計画 ─ デザイン方針メモ　1989

● COLOUR PLANNING PROJECT MEMO
　1990　OOSAKA は世界に何を発信するのか？
　EXPO 90 における "OOSAKA" のアイデンティティー
○花博のアイデンティティー→共生的ミクロコスモス
○大阪のアイデンティティー→アジア的 "カオス"
○ "まつり" のアイデンティティー→非日常的 "コスモス"
○花博のメッセージ→「生命のバイタリティー」
○大阪のメッセージ→「大阪—東アジアのバイタリティー」
○祭りのメッセージ→「まつりのバイタリティー」会場の空間イメージ
○人—花—物の渾然一体となった「生きたアラベスク」「会場は生きている」—「生きた一つのミクロコスモスである」
○ミクロコスモスを形成する一員としての「人—花—物」
○「色彩」はミクロコスモスのメッセージである「メッセンジャーとしての色彩」
　　　　　　　　　　　　　　　　　　　　(1989-07-04)

● "A TRUERY RICH FUTURE
「生命博」、「環境博」として、豊かな共生的環境の "可能性" を提示
○会場全体がこのようなコンセプトを発信する「展示物」でなければならない
○「主張する会場」—「豊かなる共生的環境」の現前
○背景として今日叫ばれている、環境の危機、生命の危機それをもたらした（と考えられている）工業化、機械化に対する見直しの姿勢、これまでマイナーとされてきた、ローテク、ローマテリアルスの再評価→ "手間のかかる環境" の再評価
○「真の豊かさ」（TRULY RICH）とは何か？　を問いかけること
○バックグラウンドとしての地域性—大阪のもつ「国際性」→日本—大阪—アジア
○まつり—日常的垣根を取り払って「イメージ」と合する「共生的世界」への没入。
　　　　　　　　　　　　　　　　　　　　(1989-07)

● EXPO 90 MEMO
かつて山口昌男は万国博に関して次のような述べたことがある。「……前略……いずれにしても、万国博というのは、いろいろな意味で、同時代の文化の匿れた水脈を明らかにする手がかりになる……」（山口昌男「万国博の匿れた水脈」エコノミスト 85-2-4 P39）、EXPO 90 において如何なる水脈を掘り起こすのかが問われることとなる。

「黄金の国ジパング」は、かつて東方へ現世の富を求める西方社会にとっての、黄金郷のシンボルであった。

今日、東方が再び世界に問い得るものがあるとすれば、「共生の知」ともいうべき「知」のあり方であろう。このような「知」を語るのに今日の日本が、あるいは大阪が、それに最もふさわしい場であるか否かは、議論の余地があるとしても、大阪もまた語るべきであるといってよい。

大坂がそのような「知」を語るとすれば、それは雑多な要素を包括する「アジア的包括性、包容性」によってであろう。多様な「他者」の存在を前提とする「共生の知」は、それ故に「受動の知」であり、また恐らく「受苦の知」でもある。

「共生の知」は現代社会が求める「今日の黄金」—匿れた水脈であるかも知れない。「生命博」、「環境博」としての EXPO 90 は、「共生の知」に基づく環境モデルを提示するものでなければならないはずであり、共生的環境という今日の「黄金郷」への接近の試みである。

「黄金の国ジパング」は、今日の黄金郷—「異なった明日の可能性」のあり方を提言する、大阪からの体で感じるこできるメッセージであり、「黄金郷」というコンセプトのシンボルカラーとして、会場計画の中で「自然材の色」と共に「金色」を取り入れている。かつて、西方の人々が夢見た「黄金郷」は今日、「熱帯的風景の中にそびえる金色のパゴダ」といった、我々が描く類型的な東南アジアのイメージの中にいきている。

EXPO 90 は、大阪—アジアという系の中で、TRULY RICHI FUTURE としての「黄金郷」の今日的解釈を示そうとしている。
　　　　　　　　　　　　　　　　　　　　(1989-07-24)

■自己生成的なまちと路地（抄）
都市環境デザイナー98 in 尾道

　非整列的空間構造の考察—伝統的集落、中世的まち、スプロールエリア、スクォッターエリア等、いわゆる自然発生的集落や、市街地に見られる、非整列的空間秩序、非制度的空間特性を考えることを通じて、"もう一つの都市計画"（オルタナティヴ・アーバンデザイン）の可能性を、構造形成の媒体としての"道空間"のあり方から考える。

1．まちの空間のタイポロジー
　まちの空間形態、沿道の建物の境界形態、路の私的使用による類型化。
2．ケーススタディー
　いくつかのタイプのまちについて。
3．まちの成り立ちと空間形態
　まちの生成過程を"科学"することの重要性。

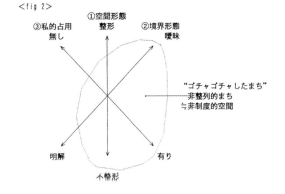

1．まち空間のタイポロジー
　空間のタイポロジーのための"インデックス"

空間構造をとらえる指標として次の3つを考える。
①空間形態（道／建物）
　　　　　　0＝整形か／1＝不整形か
②境界の形態（道／宅地）
　　　　　　0＝明快か／1＝曖昧か
③路の私的占用（地先／路上）
　　　　　　0＝無しか／1＝有りか

2．ケーススタディー
　いくつかのタイプのまちについて、その空間特性を探る
①ケーススタディー1　　　タイプ1／0／0
　不整形／明快な境界／路上占用無し
　　　　　　（例）ミコノス
②ケーススタディー2　　　タイプ1／1／0
　不整形／曖昧な境界／路上占用無し
　　　　　　（例）墨田区・京島
③ケーススタディー3　　　タイプ1／1／1
　不整形／曖昧な境界／路上占用あり
　　　　　　（例）カトゥマンドゥ

3．まちの成り立ちと空間形態
　どのようなまちが"非整列的"空間構造を持つのか
①ディベロッパーのいる開発／いない開発
②外挿的要素の有無／内的所産（部分の論理の卓越）
③強いルールのあるところ／無いところ
④いくつかの仮説早い者勝ち」仮説（強いもの勝ち）

初期条件"への敏感さ／初期条件への依存性
非"モデュラー性"／有機性
"最少抵抗線"の軌跡としての「路」

日本経済新聞　1996-02-24（朝）

4．"もう一つの都市計画"の可能性
　①部分の論理に応える「参加型」まちづくりの可能性へ
　　"絶対的近代主義"をはなれて
　　硬直化／画一化した、「制度的空間」としての都市計画から、
　　「住み手の論理」による都市計画へ
　　FIX／FLEX という整理
　　"非線形計画"を含む枠組を目指して

　②自己生成的
　　自己組織化―各構成部分の"自発的"相互作用
　　"外挿的"計画、指示を受けない運動
　　「自己生成秩序」とは何か？
　　生成過程を"科学する"ことの大切さ
　③路地／道
　　（物理的、社会的）"最少抵抗線"に沿って路は形成される
　　路地も大通りも"最少抵抗線"の軌跡である
　④「もう一つの都市計画」
　　"カオスのエッジ"としての都市
　　秩序と変化の均衡点としての都市
　　"硬直化／不活性化"と"拡散／崩壊"の狭間
　⑤「コーポラティヴ・タウン」
　　まちの生成過程への（住民）参加
　　全体／部分の担い手の役割分担

都市環境デザイン会議関西ブロック・中国ブロック共催

都市環境セミナー 98 in 尾道
「路地」から見た［まちづくり］の作法
1998－07－18　尾道市「ふれあいプラザ尾道」

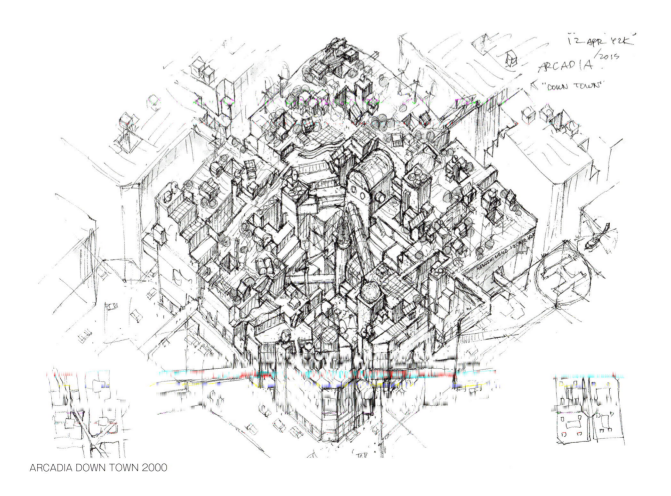

ARCADIA DOWN TOWN 2000

■ WATCH'S EYE 1997〜1999
〈景観材料〉誌　コラム

● WATCH'S EYE No.1　1997
「生なり／素材性」　BALI島のリゾート〈AMANDARI〉を取り上げて、生きた植物を含む、様々な自然素材によって構成された空間の、モダニズムの切れ味の良い空間とは違った、"心地よさ"について触れている。

　〈景観材料〉誌は、景観材料推進協議会［(社)日本建材産業協会］発行、通商産業省生活産業局窯業建材課監修の、産官共同のPR誌であった。1990年の協会発足以来、ほぼ年間2冊の割合で刊行されてきた。この欄を担当することになったのは、1997年の13号からであった。当初全6回、3年の予定であった。しかし、バブル崩壊後の景気後退により、年2回の刊行は年1回になり、1999年の15号を持って休刊（廃刊）となった。「WATCH'S EYE」は、予定の半分の3回で終わることになった。
　「WATCH'S EYE」は、船の"見張り"のWATCHや、チャイナ・ウオッチや経済ウオッチといった、観察者、目撃者といったニュアンスで選んだタイトルであった。
　バブル期の様々な工業製品が、景色を作り出していた時流から、一寸距離を置いたところからの観察報告であった。
　狙いは、"モノの力"に着目し、目的―手段という系に中で、短絡的になりがちな素材の選択と扱いについて、多様な経路が存在することを示唆することにあった。
　全6回の予定は、①生なり（素材性）、②ふぞろい（多様性）、③転用（再利用）、④エイジング（加齢・更新）、⑤有機性、⑥セルフメイドであった。そのうち①から③までが刊行された。

● WATCH'S EYE No.2 1998

ふぞろい／多様性

　KATHMANDUを舞台に、"ふぞろい"な部材が生み出す、空間の"あや"、そこから生まれる、工業規格品の納まりの良さとは違った、温かみや居心地の良さに着目。

● WATCH'S EYE No.3 1999

転用／再利用　　THE WALL

　"おから"は、産業廃棄物であるという裁判所の判断にショックを受けて書いた一文。それぞれの歴史、ストーリーを持った素材による空間構成の豊かさに着目。ストーリーの見えない工業製品が生み出す"のっぺらぼうな"空間と対比している。

　WATCH'S EYEの原稿は、No.4のドラフト版まで用意された。No.4はBALI島のTengananの集落を対象に、加齢・更新という問題に焦点を当て、素材により加齢して持続する風景（幹）、更新して変化する風景（葉）という視点を通じて、伝統的空間秩序を保ちつつ、新しい要求に応えられる空間システム、「樹木型システム」という問題を取り上げた。

69

■〈MM21 水際公園〉─デザインコンセプト 1993

「港町」は歴史を通じて、常に外界との接点であり、新しいものを取り入れる窓口としての「先進性」、「先端性」を持ち、「自由」や「可能性」のシンボルであった。一方、「港町」は海という、大らかな大自然との接点として、物心両面似わたって人間に様々な恵みを与えてきた。

このような2面性を持つ「港町」らしさの表現として、この公園のデザインは、自然的要素による「ソフトな大らかさ」と、人工的要素による「ハードな先端性」の重層、併存と、形態的コントラストの形成をねらいとしている。

この公園に与えられたプログラムを解くために、次の3つの構成要素が仮定された。

○基盤─面
○プロムナード／デッキ─線
○拠点施設／フォーリー─点

「基盤」は川と両岸の公園によって、水際の街区の「核」をつくり出し、MM21の「北の顔」を造出する。(フラワーゾーン／ウッドゾーン／ローンゾーン)

「プロムナード／デッキ」は、横浜駅とMM街区を結ぶ動線、JRをオーバーする動線、グランモール側からのアクセス等を形成する。

「拠点施設─フォーリー」は、この細長い公園に、公園として要請される諸機能を満たす「点的」施設を形成する。

これら3つの構成要素は、この公園のデザインの基本方針に基づいて、性格づけられた。それらは次の3つのキーワードで表される。

○基盤＝ナチュラル／エコロジカル
○プロムナード／デッキ＝ハード／メカニカル
○拠点施設／フォーリー＝アート／マルチプレックス

(1993-06-09)

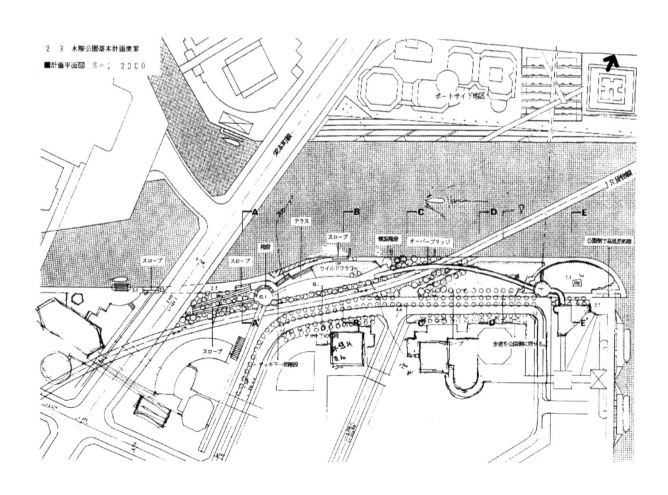

■ NISHIARAI-21

UENODESIGN TOKYO 2001

西新井駅前地区再開発計画（西新井ふれあいタウン）2001　まちなみのイメージ

Part6/2000 − 2010

■「緑としての建築」(抄)

　「都市環境の遺伝子治療」という考え方の実践が「緑としての建築」という考え方である。都市環境の質に大きく関わる建築のあり方は、都市環境再生と言う目標実現の鍵を握るものであり、それ故に建築のあり方を見直すことは、避けて通れない問題である。「緑としての建築」は、かつて唱えた「緑衣体」という概念の発展形であり、「環境共生＝環境内化型」に組み替えられた、建築的枠組みの提案である。

　「緑としての建築」は、スケルトンとしてデザインされた「緑」に、「建築」がインフィルされた、新たな都市構成要素の概念である。

　「緑としての建築」は建築を建てることが即、緑を創出することとなる建築であり、「スケルトン」としての緑は、社会的環境ストックを形成し、都市における物理的、生物的環境維持の基盤を形成する。

　「緑としての建築」は建築的に見れば、植物という「生きた」素材を構成要素とする建築であり、無機的、機械的な系と、有機的、生物的な系の複合体であるとイメージされる。(中略)

　緑としての建築」は、生命体にインヴォルブされた空間であり、人と他の生物が「一緒に」暮らす建築である。建築の構成要素として「生きた」植物を取り入れると言うことは、建築空間に生き物を「招き入れる」と言うことであり、一つの空間で共に暮らすことを呼びかけることである。そして、その植物がまた他の生き物を「招き入れ」、様々な生き物のコロニーが出来上がる。「緑としての建築」は都市がそのようなコロニーの集合体として形成され、都市の生態系が維持されることを期待している。

　「緑としての建築」は「田圃」のような建築である。田圃は本来、稲を栽培するための施設であるが、田圃を拠り所とする、多くの生き物を呼び寄せ、豊かな生態系を形成してきた。そしてその生態系は、人間にとっても豊かな環境となってきた。「緑としての建築」は都市において、そのような役割を果たすことが期待される。「緑としての建築」こそ「人間にとって快適な空間とは何か」と言う問いに答え得る建築のあり方である。

(以下略)

「緑としての建築」2001・7・14 / 2001・8・18

断面図

〈市中の山居〉

「京の新しい住まい」コンペ　2001
特別賞受賞作品　中村伸之との共作

「緑としてのアーバネックス中京」2001
アーバネックス中京(現代計画)に対する緑化提案
JUDI関西2001セミナー

■「緑としての建築」

HILL HOUSING 2000

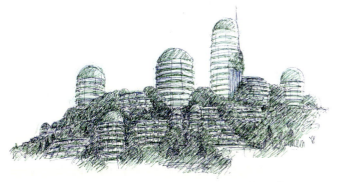

HILL TOWN 2000

HILL HOUSING 2000

「緑としての建築」は、緑としてデザインされた「スケルトン」に、"建築がインフィル"された新たな都市構成要素である。

すなわち、「緑としての建築」は、"生きた"植物を構成要素とする建築であり、「建築を建てる」事が即「緑を造出する」事となる建築である。

「緑としての建築」は、主として共用部分からなる、建築レベルの全体的環境骨格（もしくは基盤）としての「スケルトンの緑」と、より部分的、プライベートな部分の「インフィルの緑」という構成でとらえることができる。

「スケルトンの緑」は都市環境のストックを形成し、「インフィルの緑」はプライベートなニーズに対応する"フロー"の緑である。

(2001-03-05)

DOME VILLAGE 2000

DOME HOUSE 2000

■「2001年草加への旅」（イメージボード）
草加松原団地駅西側まちづくりの都市基盤整備検討
基幹公園　F案 bis　2001

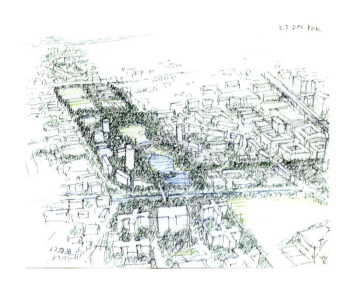

■独協大学のキャンパス上空から見た、草加松原地区です。中央に大学のキャンパス、基幹公園、集合住宅、カルチャーゾーン、さらに東京外環自動車道路を抜けて南北に連なる草加市の環境骨格となる「森の軸」が見えています。
水面の見えるところが基幹公園で、そこから草加松原駅まで、「基幹空間軸」が右手に伸びています。

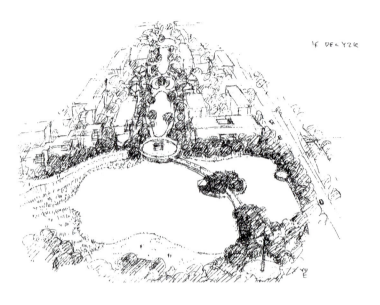

■Cブロック上空から「基幹空間軸」を見ています。
上方が駅です。右手に松原団地花栗線、伝右川が見えます。調整池の手前側にフリースペースや風車が見えています。フリースペースの左（北）側に池に面した水田が見えてきました。花栗線の左手に見えている半円形の突出物は、調整池への水を出し入れするオリフィス部です。

■調整池の西側のフリースペースの方から、「パークセンター」と「ギャラリー」の方を見たところです。
「ギャラリー」の手前に中央の風車が見えます。
池に面した水田と、フリースペースへ降りるスロープが見えています。

■「基幹空間軸」の上に戻ります。
中央に「基幹空間軸」沿いの施設群が見えます。
これらの建物は基本的に木造、平屋建てで、ヒューマンなスケールと材質感をもたらしています。これらの建物は、小さな店や学生相手のカフェ、集会室、その他の社会的支援施設として利用されています。「基幹空間軸」沿いの集合住宅は、「共生型」の低層住宅です。

■「緑としての建築　2001」

　イタリーのラディカルデザインの雄、エットーレ・ソットサスJr.のドローイングに、「私がもし金持ちで、それとうんと金持ちなら、私は自分のコンプレックスと対決出来るのだが」(横山正訳)と題する作品(1976)があるが、私は許されるならこれらのドローイングに、ソットサスのタイトルをそっくり借用して、付けても良いと思っている。

■「西新井ふれあいタウン」構想　2001－2

　このプロジェクトは私鉄駅前の旧紡績工場跡地の再開発計画である。周辺は西新井大師の門前町としての下町木造密集エリア、農地をつぶして広がるスプロールエリアで囲まれ、南には典型的下町商店街がある。このプロジェクトのねらいは、今日的高密度開発に密集市街地の「下町的空間秩序」を反映しうるか？　というところにあった。今日の"経済の論理"によるマージナルなものとしての"密集"の排除、"生活の論理"に基づかない、経済のみの物差し、"生活文化"の黙殺ならびに排除への異議申し立てである。今日的開発が持つ"正統"のイデオロギーとの矛盾関係の中で、経済から文化への視点の転換を理論武装すること、周辺密集エリア再開発のモデルとなりうる、多様性、可変性、多用途性を持つ、明日の"文化"として受け入れられる、魅力的な「目標像」を構築することにあった。そして我々にそれが可能か？　という問いが突きつけられた。（P5／69　参照）

全体構造として、
① "路地"によるセル（街区）の分節と、スモールスケールのまちなみの形成
② かつての農業用水路の復活
　利水、排水とも役割を終えた水路の環境資産としての復活
③ 駅前商業ブロックから地区中央に斜めに貫入する歩専道
④ 駅前と南側既存商店街を結ぶ"環境軸"の設定
　「ニューダウンタウンストリート」

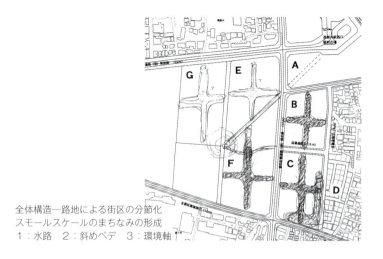

全体構造—路地による街区の分節化
スモールスケールのまちなみの形成
1：水路　2：斜めペデ　3：環境軸

上：初期のまちなみイメージ
下：建築担当のC&Aのブロックプラン（"チーズの孔"と呼ぶ中庭を持つ多孔質の低層高密＋高層塔状住棟）への提案

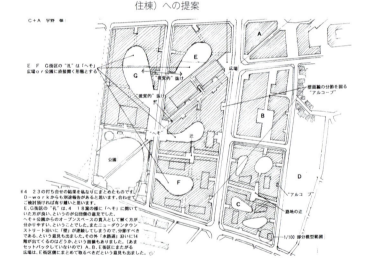

　この再開発は、民間事業者によるビルドアップを前提としていたため、このような効率の悪い案は受け入れられず、結果ありきたりの板状マンションが並ぶことになった。わずかに「斜めペデ」が実現した。

■「京都は再生するか ― 100年後の水と緑」 2002

このプロジェクトは2002年のJUDI関西のセミナーとして、都市における「文明的水と緑」と「文化的水と緑」という視点で、京都の都市環境の将来像の大枠のヴィジョンを皆で考えてみようというもので、二条城東南の城巽地区をモデルに、地元小中学生、主婦、立命館大学の学生に参加してもらいワークショップを開催した。ねらいは「将来像」を探ることと、世代を超えて、まちの将来像を語り合えるか、という実験であった。

都市という人間の営みと水、緑という自然の関係性を見る、"文明的"視点と、都市の中の文化的営みとしての庭(坪庭)という"文化的"の何れも高密度化の中で失われつつある京都において、どのような将来像が見通せるのか、ということが焦点であった。同時に行ったアンケートでは、子供は身近な小川とか自然の緑といった"文明的"レベルに関心があり、大人は内なる緑ー坪庭といった"文化的"レベルへの関心が高く、オモテに緑が出現することに抵抗を示した。

プログラムは、

① 「文明的水と緑」、「文化的水と緑」という視点で「100年後の水と緑」を考える
② それを、「オモテ」ー「ウラ」ー「オク」という京都の空間秩序の中で位置づける
③ 空間的には、「通り側」 「路地・中庭側」ー「屋上」という位相で具体化を図る
④ さらにそれらを a) 個々の居住者、事業者レベル
b) 地域の連携レベル
c) 行政への要請レベル

という形で整理する

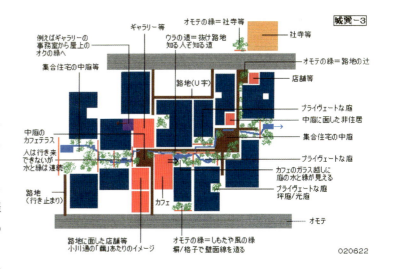

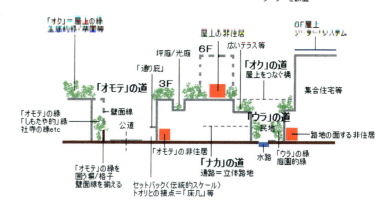

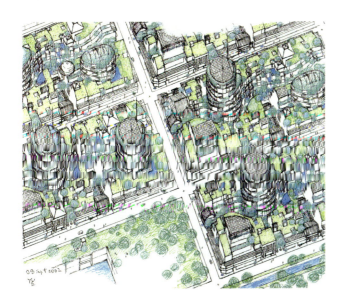

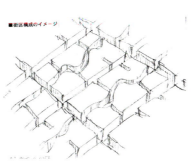 

左:街区構造のイメージ 風の通り道としての路地
右:路地(ウラ)のイメージ 水と緑のウエットな空間

●そして結果は

結果は惨憺たるものだった。「京都らしくない」、「100年後のというテーマから外れている」、「まったく魅力的ではない」といった批判があがり、ゴールの設定の問題、準備不足、テーマから外れた「街区構成」にエネルギーを注ぎ過ぎたこと、再開発と受け取られたこと、等要因があげられよう。上野としてこれからの100年を支え得る街区システムの在り方を探るつもりであったが、この企画は失敗であった。

■多摩NT19住区
ソフトオペレーションの枠組み 2001

　ユーザー主導の「双方向的プロセス」の目的は、需要側の求めるものと、供給側の可能性とを例えばデータベース化して、双方のより良いマッチングを図ることにある。このことはこれから求められる"より良い郊外の担い手"を探すことであり、また多様化する生活者のニーズに確実に応えられるシステムを立ち上げることである。ソフトオペレーションを動かしてゆくものは、「主体」、「レベル」、「プロジェクト」という3つの要素として捉えられている。このうち「主体」を構成するものは、「市民、エンドユーザー、NPO」といった生活者のグループ、「行政（国、東京都、八王子市）」、「事業者＝都市基盤整備公団」、そして「コーディネーター」としてのコンサルタント等の4つのグループである。（ここでいう「コーディネーター」は、必ずしも特定の職能者を示すものではなく、むしろ"調整グループ"という「機能」を示すものである。したがって、その機能を果たす能力があればだれがなっても良く、他の3つのグループの構成員によって構成される「ボード」という形をとることもありうるだろう。しかし、一般的には"中立的"な第3者とすることが現実的であろう。「レベル」は、「空間レベル」および「計画段階」といった「時間的要素」を含んでおり、「コンセプトレベル」、「地域環境レベル」、「マスタープランレベル」、「ヴィレッジレベル」、「クラスターレベル」、「ハウジングレベル」の6レベルに区分される。

　さらに「プロジェクト」は「郊外の再生」という一つの目標、「ヴィレッジ開発」という一つの戦略に基づく、相互に独立しているが"互いに刺激し合い、導きあう"3つのプロジェクト、「コンセプトプラン」、「地域環境計画」、「マスタープラン」によって構成されている。これらの3つのプロジェクトは、基本的に「上位計画」、「下位計画」という様な優先度を決める"上下"関係を持たない並列的関係を持ち、時として同時並行的に進められ、相互に情報を交換し合うことによって"刺激"を受け［進化する計画］である。したがって、これらのプロジェクトは、全レベルを通じて"固定"されず、ある一定の"幅"を持ったものとしてセットされる。より広範囲の問題を扱うプロジェクトは、柔軟性を持った「フレーム」あるいは「スケルトン」であって、ディティールを構成する要素の大まかな方向性を示唆する。しかし、これは必ずしも固定的なものではなく、「インフィル」が持つ"可能性"によって、その方向性を柔軟に変えてゆくことができる。問題は常に「全体」と「部分」という視点から検証される。すなわち常に"末端"の可能性を"汲取る"ことができるシステムを目指している。例え

ば、ある「ハウジング」のあり方が、「地域環境計画」の方向に影響を与えることもありうる。このようなシステムを立ち上げるためには、これらのプロジェクトに関わる「主体」間の関係が、完全に平等で開かれたものでなければならないことは、いうまでもない。一切の権威主義や秘密主義はここではあってはならない。プロジェクトの"リーダー"はユーザーであり、ユーザーの目線に立った完全に民主的なプロセスによって初めて「部分」と「全体」が有機的な、対等で成熟した関係となることができるのである。（中略）ここで取り扱う問題に対する基本的スタンスは、"走りながら考える"ということである。ソフトオペレーションの問題を解くには、多くの実践的スタディーを必要とし、そしてほとんどの場合が、"一回性"のものとなることが予想される。したがって、ここで記すのは「ソフトオペレーション」の可能性のラフなスケッチにすぎない。しかし、このような取り組みは、"走りながら考える"体制をどのようにつくりあげてゆくのか、という新たな問題を生む。特に「計画」をFIXすることを求める「法定計画」と、どのように整合性を持たす事ができるか、ということが大きな問題となる。

（以下略）

ALTTAMA「もう一つの多摩」（山椒魚くらぶⅡ）
2001

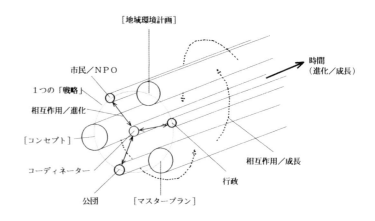

同時進行し、相互に導きあう3つのプロジェクト

■多摩NT19住区　1997-2000

多摩NT19住区は、バブル崩壊後の「次世代まちづくり」のあり方を探る作業で、"目的的郊外居住"を基本理念に、「受注開発」、「自然地形案への回帰」、「基盤-上物の同時進行」等を提案した。しかし、何れ景気は回復し、マーケットが戻ってくるとする発注側との意識の差は大きく、中途半端なものに終わった。「山椒魚くらぶ」は、作業チームの荒川俊介、山田正司、上野泰が、公式報告書には書けなかった思いをまとめた、いわば私家本（外伝）の報告書である。「ALTTAMA」はその後の作業に関して、上野が個人的にまとめた続編である。

山椒くらぶ　1998

ALTTAMA　2001

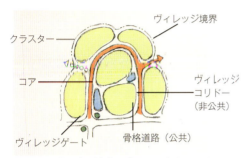
街の空間構造—ヴィレッジ／クラスター

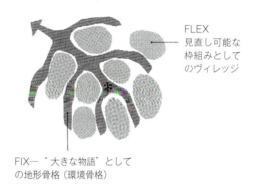

FLEX
見直し可能な
枠組みとして
のヴィレッジ

FIX—"大きな物語"として
の地形骨格（環境骨格）

谷筋の骨格道路沿いに集合パーキングを設け、そこから機械動線で尾根筋に上がる。尾根は基本的に歩行者空間であり、共有の電気カートで対応する。骨格道路は地形改変を抑えるため、橋、トンネルを多用する。（山椒くらぶ）

集合住宅地の初期イメージ（山設計工房の絵に加筆、リライト）

"田圃"を核として持つクラスターのイメージ。各ヴィレッジは小規模なクラスターの集合で構成される。

クラスターは共通する生活スタイル等により、あらかじめグループ化された居住者によって、コーポラティブ方式により開発される。図は"田圃を持たない"グループという想定である。住宅タイプは、戸建て、連棟、グループハウス等さまざまである。図の住宅は屋上にソーラーパネルを備え、道路沿いの壁面は緑化されている。(ALTTAMA)

■都市設計における建築・土木との協働

「都市設計」は当然公共基盤整備を取り扱うことが大きい。したがって都市設計におけるコラボレーションの問題は、公共事業を担う官の役割および"ふるまい"に大きく関わる。本論では公共事業を中心にこの問題を考えてみたい。

やや古い話になるが、「日本の造園」誠文堂新光社1964（イフラ日本大会冊子）の「終章」は、第2次大戦後の日本の造園をこう総括している。

「人間らしい生活の出来る生活環境の整備が、経済政策と対等の政策になってこそ造園活動が活発となり、その刺激によって、日本の造園デザイン活動も、新しい職業分野を獲得できるものと考えられる。一方、日本の造園家は、すでにプランニングの分野で活動を開始している。最近の地域開発計画の動きのなかに、造園家は参画し、チームワークにおいて発言の機会を持つようになってきた。しかしながら実際の行政の枠において、造園の予算の僅少であることも事実であり、未だ公共造園が本格的活動期に入ったとは考えられない。今後とも世論の啓蒙と、その世論を背景とする、国の政策の確立に努力しなければならないであろう」

高度経済成長期、バブル経済期の巨額の投資を経て、少なくとも投資額と事業量で見る限り、"公共造園が本格的活動期"を経たことは否めないだろう。それで問題は解決したのか？「計画チームの一員」として確たる地位を占めたのか？　如何なる都市像を示しえたのか？　あらためて問うことになる。バブル経済が崩壊して15年を経た今、またここで"コラボレーション"を問題とするならば、それをとりまく状況は如何なるものであろうか？　考えてみたい。

1. "縦割り"の空間

都市空間はいうまでもなく様々な空間領域によって構成されているが、一般市民が日常生活の中で、例えば街を歩いている時に、ここは道路、ここは公園、ここは民有の公開空地…などと、いちいち意識することはない。ましてやここは建築で、ここは土木で、ここは造園で、等という"縄張り"を意識することなどあり得ない。

本来都市空間は連続一体のものとして意識されているはずである。したがって、それらは全体としての整合性を持っている、あるいは整合性を目指していると考えがちだが、現実にはそれぞれの空間あるいはシステムを開発もしくは管理する主体の縄張りの集積であるといってよい。物理的、機能的に一体の空間を形成していても、そこに複数の主体が介在すれば、素材も、規格もデザインも、運営も、それぞれバラバラで、さながら見本市の態をなす例はけっして珍しくない。そこには、明らかに全体的視野＝都市空間像が欠落している。縦割り社会の中で、そもそもそれぞれの"縄張り"が、ある全体を形成していると言う意識を持っているとは考え難い。（特に官においては）いまだに内側の論理が優先し、他の分野との調整で発生するであろう"自分たちのシステム"の見直し、意思決定の自己完結性を失うことを嫌うため、"他のジャンル"との連携にはきわめて消極的であると言える。公共造園が"本格的活動期を経た"としても、それは単に"縄張り"を拡大させた、ということに過ぎなかったのではないか？

そして"ジャンル"を問わずその閉鎖性の中で、"全国一律"の公共施設が造られてきた。これまでの事例から、コラボレーションの成否は、開発側に縦割りを超えようとする、優れた"プロデューサー"がいたか否か、というきわめて属人的要因にかかっていたといってよい。

2. イメージの共有

他分野との連携のためには、当然のことながら目指す「全体像＝都市像」の共有が不可欠である。

そのために、それぞれが（共通言語による）明確なイメージを発信し、共有化への努力をすることが大切であることはいうまでもない。しかし、こと造園分野を見る限り、"全体的視野＝目指す都市像"の欠落は否めない。多くの場合、優れた個別的、部分的（すなわち縄張り内の）アイディアないしデザインは示せても、それが全体として如何なる都市像を目指しているのかが語られていない。何を目指すのかが（共有できる形＝言葉で）発信され、明確に語られなければ、コラボレーションはありえない。そのために、一人一人が縄張りを越えて、如何なる都市像を目指そうとしているのかを自らに問い、"自らの都市像"を外部に発信し、説得し、共有できるようなトレーニングが当然必要である。

3. 部分の時代

経済の低成長（あるいは安定期）に入り、戦後復興に端を発する"全体の時代＝官の主導による大型プロジェクトの時代"、あるいは"公共インフラの時代"が終わり、公共の役割は相対的に縮小し、これからは"部分（主として民による）の時代"になるだろうと予測される。それに伴い、これまでの"官の縄張り"に守られてきたシステムの崩壊は避けられないだろう。

もはや、官主導の大型プロジェクトの中での、縦割りシステムによって"保障"されてきた"座"は存在しないと考えるべきである。そうしたドラスティックな変化は、設計プロセスに止まらず、都市を構成する空間カテゴリーにも及ぶかもしれない。

"部分の時代"では、既往の縄張りを前提としたコラボレーションなどあり得ない。"ジャンル"ではなく、個々人の"能力"が問われることになるはずである。これからは、映画作りのような

形になることも予想される。プロジェクトごとに、世界中から"能力"を結集するシステムに移行して行くかもしれない。

例えば、プロジェクトごとに有能なスタッフをインターネットで世界中から募集する時代になることも予想される。それ故に、これまで以上にプロデューサーの果たす役割、あるいは権限が大きくなっていくものと考えられる。そうした状況に対応するためには、明確な全体的ヴィジョンに基づく、メッセージを積極的に発信することが必要となる。

「造園家」はもっと都市を語るべきであり、自らの「都市像＝Vision of Alternative City」を発信しなければならない。それこそが、都市設計における"コラボレーション"での「造園家」の最大の役割なのである。

(2005-05-14 於：東京大学農学部弥生講堂一条ホール)
「平成17年度　日本造園学会全国大会シンポジュウム・分化会講演集」
日本造園学会　2007

「実現可能な近未来」2004　|Re」145　特集：建築と緑　財）建築保全センター　2005-01

■みどりのトンネルを作ろう

　記録的猛暑となった昨年（2008年）ほどではないにせよ、今年の夏も暑い夏になりました。

　真夏日が年50日を超えることは最早当たり前になりつつあります。年々東京の夏は暑くなっています。それは数字の上からも、体感からも裏付けられます。過去100年間の地球全体の温度上昇は0.6℃、日本全体で0.9℃に対して、東京の平均気温の上昇は2.2℃（注1）といわれます。こうした温度上昇は東京だけではありません。広く都市部に見られる現象となりました。こうした現象は次の三つのレベルでとらえることができるでしょう。一つ目は、「ヒートスポット」の発生です。「ヒートスポット」は周辺より局部的に温度が高くなる現象で、樹木が伐採されて日射をさえぎるものが無くなったり、広い面積が舗装されたり、建物が建てこんだりといった様々な要因で発生します。都市全体が「ヒートスポット」化したのが「ヒートアイランド」といえます。「ヒートアイランド」化の要因として上記のほか、人工排熱の増大が挙げられています。都市が高温化すればするほど空調などの負荷が大きくなり、それに伴って人工排熱が多くなるという悪循環に陥っています。都市の温度が上昇することによって、都市上空部に強い上昇気流が発生し、それが都市型の集中豪雨の原因になっているという指摘もあります。さらに三つ目の問題は、温室効果ガスの増加に伴う、地球規模の「温暖化」です。今こうした様々な要因が重なり合って、夏がますます暑くなっていっています。問題を解決するために省エネなどの出来ることはどんどんやっていくべきですが、究極にはライフスタイルを変えるしかないといわれます。文明病ともいうべきこれらの問題を一気に解決することは、なかなかできないでしょう。とはいえ、出来ることはやっていかなくてはなりません。

　この夏、城南住宅のなかの温度を調べてみました。

　終日木陰の斉藤さんの家の前の道路のアスファルト面の温度と、午前中から日が当たる倶楽部前の道路面の温度を比べてみると、木陰の温度がほぼ外気温に近い32.1℃であったのに対し、日向では47.1℃と15℃の温度差がありました。（注2）「木陰は涼しい」という私たちの経験則は正しく、道が木陰に覆われることで局部的に温度が低くなる「クールスポット」が作られていることが分かります。また植物の葉から蒸散することによって気化熱を奪います。日中に熱せられたアスファルトは、夜になってもなかなか温度が下がりません。夜9時で木陰だったところは27.3℃であったのに対し、日向では外気温よりも高い30.2℃もありました。足元から熱気が上がってくる状態です。この温度差が空調の負荷に反映されます。緑で覆われているお宅の中には、夏空調をほとんど使わないで済むというところもあります。まち全体をみどりの天蓋で覆えれば理想的ですが、宅地がこれからも細分化されていくとすれば、宅地内の緑化にはおのずと限界があるでしょう。しかし、まだ道の部分が残されています。

城南住宅
倶楽部前通り
2005

道を「みどりのトンネル」にすることによって、地区内に「クールスポット」の骨格を作ることができます。一方それぞれの宅地の中には、屋根が宅地面積のほぼ半分くらいを占めるため、「ヒートスポット」になります。熱せられた宅地からは上昇気流が発生し、そこに道からの冷えた空気が流れ込むという、空気の対流が発生します。

　こうした空気の流れ、風がたとえ数字的にはささやかであろうとも、体感的には暑さを和らげてくれることは間違いありません。このような仕組みは、伝統的な京都の町屋にも見ることができます。熱せられたオモテ（通り）から上昇気流が発生し、そこに湿り気を帯びた坪庭から、冷えた空気が流れ込むようになっています。また井戸のように深い中庭を持つ中近東の住まいにも、同じような空気の対流を利用した仕組みが見られます。こうした古くからの知恵を、力ずくの文明の限界が見えた今、見直してはどうでしょうか。

　道を「クールスポット」にすれば、歩く人にも犬にも優しいまちになります。「みどりのトンネル」にするためには、わずか1m程度の幅があれば十分可能です。10年か15年かけて、次の世代に少しでも"ましな"環境を残しませんか。

注1：尾島俊雄著「ヒートアイランド」
　　　東洋経済新報社　2002
注2：2005年8月20日　上野実測　デジタル
　　　温度計（エーアンドディー社製）
　　　12時50分〜13時05分の間　外気温33.7℃
　　　（上野宅内　地上1.5m　日陰）
　　　夜間9時の気温　28.3℃（同上）
　　　気象庁発表　東京都心最高気温　34.3℃
　　　湿度54%　南の風　晴れ

「組合だより」No.248
城南住宅組合　2009年9月

〈城南方式〉

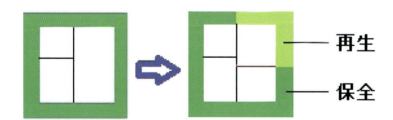

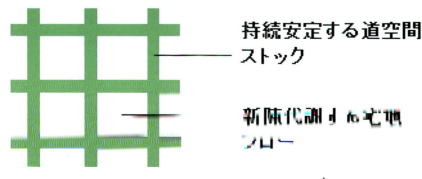

「城南方式」は、この官＋民の"道空間"を都市インフラの一つとして捉える考え方である。城南住宅は2009年にこの考え方をベースに、「城南住宅よいまちづくりの指針」を策定した。著「環境インフラ」は荒川俊介の造語。

＊城南住宅
東京都　練馬区
1923年共同借地組合方式により創設
2011「住まいのまちなみコンクール」で
国土交通大臣賞受賞

■ Et cætera −7　あかり

#22 Marsian's Attacker 2005

#28 2005

#79 The Site 2009

#77 Enter Icaros 2009

#60 Salmon Lamp 2007

#74　ひかり包みⅡ 2007

2006 青山展（戯光玩像）

2007 ひかり包み展案内

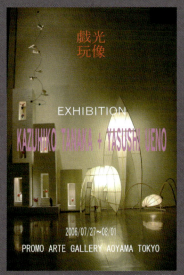
2006　青山2人展案内（戯光玩像）
田中一彦との2人展

2009　常盤台展案内

■ "MORE GREEN"

「たちかわ新都心」2003
立川基地跡関連地区再開発

高根台団地建て替え計画 2002
「高根台ルネッサンス計画」

■「風景」を語るためのインデックス（抜粋）
―風景観の変遷（仮）―

1. 私的なものとしての「風景」（略）
2. 社会化されたものとしての「風景論」（略）
3. 「風景観」の変遷
    - 3－1. 風景観の変遷を見定めるためのいくつかの軸（略）
    - 3－2. いくつかの「風景モデル」
        1) アグリスケープ（略）
        2) テクノスケープ（略）
        3) ビズスケープ*（略）　　*上野の造語
        4) ジャンクスケープ（あるいはパンクスケープ）（略）
        5) エコスケープ
        （前略）

5)-5.「エコスケープ」は可能か。

われわれをとり巻く世界は、参照する基準としての「自然」があり、その上に1次からn次までの産業が生み出す光景が展開する、というような単純で美しい構造を、もはや持ってはいない。とはいえ、われわれの日常の周りに「自然」が存在しないという訳ではなく、我々がロマンチックに、「反近代的」に賛美する類型的「自然」の姿が見当たらない、ということに過ぎないのだが。「ビオトープは汚い」という評価はここに由来する。

ビオトープの光景を否定する根底には「美しき自然」という、打ち消し難い幻想がある。自然は本来的に動態的なものであり、人間が想定する「予定調和」を逸脱する。

集団幻想としての「風景モデル」は本質的に、全体の予定調和ということを求めるものであり、その意味で如何なる「逸脱」も許容できない。「風景モデル」は可能か、さらに「風景モデルとしてのエコスケープ」は可能か、という根源的問いに、我々は答えを出さなければならない。

5)-6. われわれは最早、かつてのような「自然と人間」、「都市と農村」、「工業と農業」といった図式で「風景」を捉えることはできなくなっているのだろう。資本主義市場経済という「商（金融）―工複合体」の紡ぎだす巨大システムの中にドップリと取り込まれて、そこからの逸脱を図っても、システムの別の顔を見出すだけという、状況下にあることは確かなことである。「われわれは最早『風景』という言葉で語ることはできないのかもしれない」という松畑強の指摘（10+1 No.9 INAX出版 1997）は、多分正しい。われわれはかろうじて、アニメや女性雑誌を飾る東南アジアのリゾートの中に「風景」を見出そうとしている。しかし、それとてもこのシステムのもう一つの顔に過ぎない、ということを何処かで意識しながらだ。参照する対立軸を失ったわれわれに残されたものは、ただ予定調和を求める「景観計画」という擬態だけなのだろうか。

5)-7.「風景」が計画し得るという言説の背景には、「環境機械論」が存在する。「環境機械論」において環境とは、「計り得る」ものであり、「目的―手段」という系の中にある。「環境機械論」にあっては環境とは、ある目的を達成する「手段」であり、「マシーン」である。したがって、常に目的を達成するための最も効率の良い「解」が求められる。

このようなシステムの中で多くの「環境」が「非効率」の名のもとにその姿を消していったことは、改めて指摘するまでもない。「環境機械論」を求める体制の中にあって、人もまた個性や思想といった「身体性」、「文化性」を捨象した「マンマシーン」として取り扱われてきた。

都市はこのような理解の中で、専ら「マンマシーン」を再生産する場として捉えられてきたと言っても過言ではない。

このような思考の中で、明治以降近代日本の都市環境は、工場労働者の社宅に始まり、「戦時標準型」、「戦災復興型」、高度経済成長期、バブル期の「経済優先」に至るまで、効率優先の思想に貫かれてきたことは事実である。グローバルシステムとしての資本主義市場経済体制というシステムが、「環境機械論」に基づく都市（および国土）の"観光装置化（順化、表層化、商品化）"という「環境ファッショ」を推し進める時、われわれはすでに「風景の共有」という共通基盤を失ってしまっていることに気付かされる。もはや、グローバルスタンダードとしての"観光装置化"か、「カタストロフィーの美」しか、われわれには残されていないのだろうか。「われわれは風景モデルを持てるのか？」という問いは、そこから発せられる。

5)-8.（略）

5)-9. われわれが豊かさを求めて、「環境機械論」を受け入れ、なりふり構わず突き進んできた結果、「主体と世界が合一する場」としての風景を失ってしまったとすれば、悲劇以外の何物でもない。「帰り行くふるさと」を失ったものは、その場に止まって戦うしかない。われわれに残されたことは、「風景の共有」が共同幻想に過ぎないということを踏まえつつも、「個我的なものとしての風景」に立ち返り、個々それぞれが、内なる「基準」を呼び覚まし「己と世界が合一する、主客未分化の場」を確認することから、始めることだろう。そのことが「環境ファッショ」に対抗する唯一の道となるからだ。しかし、その内なる基準そのものが、アプリオリに存在するものではなく、状況の中で発見される物である以上、ことはそう簡単ではない。

5)-10. これまで、社会化されたものとしての「風景観」あるいは「風景モデル」が、専ら"外の"視線によって"発見"あるいは"発明"されてきた、ということに触れてきた。しかし、外からの視線による"発見"という作業は、すでに指摘されている通り、ある種の「ねじれ」を介して行われることになる。明治期の事例で見るように、外（外国）からの視線による「風景」の発見とは、内なる文脈（漢文、山水画）を引きずりながら、外からの視線を"解読"し、"想像"して、その想像上の基準によって、「風景」を発見する作業に他ならない。

　この国が、度々オリンピックや万国博等のイヴェントを開くのも、あながち理由のないことではない。しかし、何時までもこのような手法に頼っていられるのだろうか。

FIN.「私達の身体が人工で作り変えられていても、私達の生命は私たちのものだ。生命は生命のちからでいきている。生きることは変わることだ。王蟲も粘菌も草木も人間も変わっていくだろう。腐海も共に生きるだろう。だがお前は変われない。組み込まれた予定があるだけだ。死を否定しているから…」

　　　　　　　　　　（宮崎駿「風の谷のナウシカ」徳間書店）

…あるいは、われわれはこのように言えるのだろうか。

「私達が『環境機械論』の申し子だとしても、私たちの生命は私たちのものだ。生命は生命の力で生きている。街も人も変わっていくだろう。だが『環境機械論』は変われない。組み込まれた『予定調和』があるだけだ。逸脱を否定しているから…」

　　　　　　　JUDI 関西 2002 デザインフォーラム実行委員会打合せ資料
　　　　　　　2002-04-30 暫定版
　　　　　　　2002-05-05 改訂版

オオシマザクラ　2006

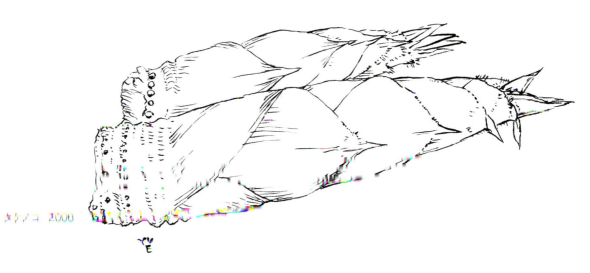

07 May 2006

■大きなうねりと小さな波

　ル・コルビュジェは1929年のモスクワの「セントロソユース」において、当時のソヴィエトの工業水準を無視してガラス壁面を造るのに苦労した。その"時流から外れた"手法は直ちにソヴィエト建築社会に受け入れられることはなかった。当時としては、手工業的な「社会主義リアリズム」の方が、ソヴィエトの素材、工法の環境に適っていたということができる。こうした"社会的基盤条件によるモードの決定"という側面を見逃すと、都市デザインにおけるファッションとモードという問題が見え難くなってしまう。

　"マジョリティー"に止まる、という選択肢は前述のようなマーケット支配による"選択不可能性"の他に、おそらくいろいろな"動機"があろうが、リスクを回避するためにマジョリティーに止まる、というケースも少なくないであろうし、また明白なリスクとはいえなくても"より多数派に属していれば安心"という心理も働く。よくセールスで"これが今一番売れています"という売り方は、まさにこの心理をついたものといえる。

　一方、つくる側、売る側にも同じような状況がある。かつてポルシェが928や924といった「フロントエンジンカー」を売り出したとき、自動車の安全性が問題になっていた当時の状況を踏まえ、操縦性に難がある「リアエンジンカー」のみに特化するリスク（マーケットからのリアエンジンカーの締め出し等の）を回避すべく、当時のポルシェ首脳は「フロントエンジンカー」というマジョリティーに止まる、という説明をしている。このような"ふるまい"は、えてして同じような製品を生み出し、結果的に選択肢の少ない社会を生み出すことになるものと考えることができる。さらに、このマジョリティー／マイノリティーという"社会的力関係"が固定化するとき、支配的モードとしての"スタンダード"が生み出され、マイノリティーはますます"マイノリティー化"して行くことになる。

　今日の「グローバル・スタンダード」、「グローバリゼーション」とはまさにこのような力によるモードの支配に他ならない。われわれがこうしたマジョリティー＝勝者のモードから抜け出ることは、そう簡単なことではない。マジョリティーとしてのモードという視点から見れば、"ファッション"とは、モードという大きなうねりの表面にできた、小さな波と見ることができる。またそれにより、画一的なうねりの中で、積極的評価にせよ消極的評価にせよ、個別的要求に向き合うというファッションの担っている役割を明確にすることができるだろう。

■これはモードだ

　われわれの周りには、都市空間を形成している様々な"ランダム（非整列的）"な形が氾濫している。それらは結果を"意図"したというより、目前の個別的要求を"とりあえず"みたす無意識の判断の集積といえる。これらは、形態として見れば「無秩序」に見えるが、時間やコスト（およびある種の情報、知識）といった事柄に支配される「秩序」があると見ることもできる。これらには共通する「形態」を読み取ることができ、その意味で一つの「型」＝モードという事ができる。これらがどのような「空間秩序」を持つかは、まだ解明されているとはいえないが、自然界における「早いもの勝ち」の仮説（種村正美、文部省統計数理研究所、日本経済新聞、96. 2.24朝刊／上野泰「路地空間の可能性」1998年6月、JUDI尾道ゼミで紹介 P64参照）を当てはめることができるのかもしれない。これらは、無意識であるという意味において、いわば「身体的モード」といえるだろう。段ボールハウスに対する大竹昭子の「ミノムシや蝶のさなぎに似た造形感覚」があるという指摘（朝日新聞、2003.8. 24,朝刊12面「読書」欄）は、その意味で当を得たものといえる。

　無論、われわれの周りにはこれらに対極的な"整列的"型もある。これらは「身体的モード」に対して、仮に「頭脳的モード」と呼ぶことができるだろう。「頭脳的モード」から見れば「身体的モード」は"逸脱"であり"非秩序"である。「頭脳的モード」にとって、現実世界は"カオス"であり、そこに秩序を与えるのがデザインの役割という事になる。

一方、ダイナミックに「自己生成」するカオス世界から見れば、それは"静的"な保守領域への固定化である。「頭脳的モード」は選択的であるのに対し、「身体的モード」は包括的である。「身体的モード」にとって「頭脳的モード」は"支配"であり"統制"といえる。「身体的モード」は「頭脳的モード」が欠落したものではないし、「頭脳的モード」が「身体的モード」の"進化"したものでもない。歴史的に見てこれら両者は、互いに置き換えることができない、まったくの別物といえる。

　「身体的モード」はわれわれの社会において、より「基層」を形成していると考えられ、われわれのDNAにインプットされた"モード"といえるのかもしれない。それ故、しばしば「頭脳的モード」の破たんによって「身体的モード」が顕在化する。

　そうした"モードの転換"を含めて、都市あるいはわれわれの社会の"ふるまい"の型と捉えることが必要ではないか。「身体的モード」の街が、「頭脳的モード」に変わることによって、それまでの"魅力"を失ってしまった街は、少なくない。「頭脳的モード」は基本的に一元論であり、多様で動態的な社会においては常に"破綻"を内包しているといってよい。

　「身体的モード」の街は、時として"人間臭く"、"温かく"、"ダイナミック"と評される。一方「頭脳的モード」の街は、見た目に美しいが"冷たく"、"堅苦しく"、"退屈"といわれる。歴史的に見て、都市はこれら2つの「モード」のせめぎ合いの産物であり、時としてそれらは"相補的"ですらある。そうした意味で、村松伸の「道教的空間」と「儒教的空間」のせめぎ合いとしての中国的空間の理解（『中華中毒』ちくま学芸文庫、2003）は興味深い視点である。「頭脳的モード」が支配しても、時とともに社会の動態性による"ずれ"が発生し、そこから"逸脱"としての、「身体的モード」が"顕在化"してくる。「頭脳的モード」がそれを排除するなら、その都市（あるいは社会）は動態性を否定することにより、ダイナミズムを失い魅力を喪失する。魅力ある都市空間とは、これら2つのモードが程よく併存するものといえるのではないか。モダニズムの歴史の中で「身体的モード」は"記号"として負の記号性を負わされてきたと言える。われわれは、この「身体的モード」を「モード」として、まだ十分に理解していないし、「身体的モード」と「頭脳的モード」のダイナミズムに関わる、都市の"ふるまい"についても理解していないといえる。一方、「頭脳的モード」は本当に一元的でしかあり得ないのか、多様性、動態性を包含できないのか、という問いもある。大変難しい問題であるが、おそらくそれは"ありえない"のではないかと思われる。また「頭脳的モード」が「身体的モード」を"装う"ことができるか（制御された"非秩序"は可能か）、という問題もある。それはまた別の問題になる。「頭脳的モード」の恣意的な表層的「百面相」は、それが"一つ"の意志に基づき、"選択可能"である限り"ファッション"といえるだろう。■

「都市環境デザインとファッションとモード」
第12回都市環境デザインフォーラム関西
都市環境デザイン会議・関西ブロック　2003

泰と淳子　2003
Tanjong Jara リゾート（マレーシア）

■「縣緑園」 2006 − 7

　「縣緑園」は一連の「緑としての建築」実現のための、スタディーの一貫であり、四国化成（株）のための"蒸散するダブルスキン"システムの提案である。これは生きた植物を含む「自立的建築外皮」=「バイオクラッディング」具体化へのスタディーである。自立的外皮は、建築工事の開始と同時に圃場で"生産"、養生をはじめ、建築の外装工事と同時に取り付けられる。これは特別な仕掛けを用意しない、既往の一般的建築システムと鉢植え、プランター等の既往のポピュラーな緑化システムを結び付けて、今日的要請に応える、環境システムとすることを目指す、簡易な置き形の「仲介的」システムである。

　つる性植物を使い、プランターと一体になった棚に這わせ、建物を直射日光からさえぎるとともに、建物と棚の間に空気層を取り、冷却の効果も期待している。プランターは対候性鋼もしくは亜鉛溶融メッキの籠とし、軽量化を図る。プランター下部は貯水層となっている。システムは予め圃場で造られたものを並べても、現場で組み立てても良い。システムは棚の形状を変えることにより、様々な用途に対応可能である。理想的には無給水を目指すが、渇水期などへの対応上、給水システムは備えた方が良いと思われる。

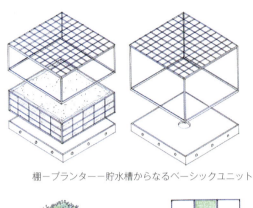

棚－プランター－貯水槽からなるベーシックユニット

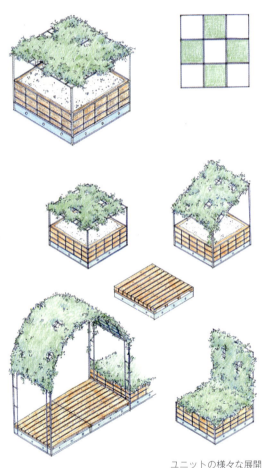

ユニットの様々な展開

左：ユニット組み合わせのイメージ
左下：2007　四国化成（株）から「グリーンシェード」として製品化された。現場組み立てを前提としている。給水システムは考慮していない
「グリーンシェード」カタログより

設置後、約1～2年で、緑陰ができます。

　四国化成の「グリーンシェード」は、プランターおよび貯水層を棚より小さい小型化をしている。培養土のボリューム、貯水量で不利と思えるが、変更の理由については明かではない。

（中村伸之との共同作業）

■あかり "La chute d'Icare" 2007-9

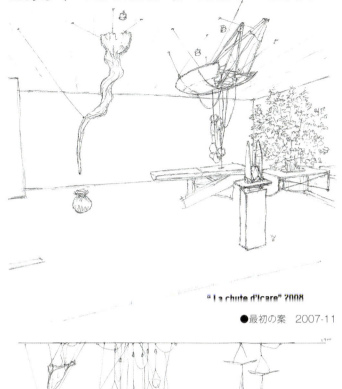

●最初の案 2007-11

●2番目の案 2007-12

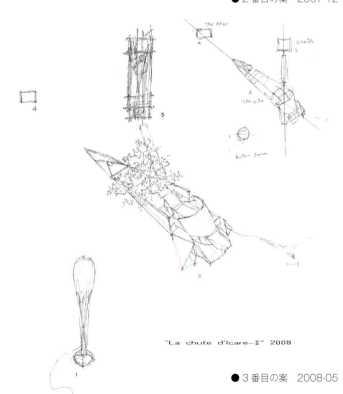

"La chute d'Icare-II" 2008

●3番目の案 2008-05

Pablo Picasso "La chute d'Icare"
1958 パリ ユネスコ本部

"La chute d'Icare"は、照明器具というより、幾つかの"光の彫刻"の組み合わせによる、ストーリー性を持った、一種のインスタレーションとしてイメージされた。

テーマはPicassoの同名の壁画からインスパイアーされた。絵の中央の落下する人物像が、この作品群の造形の基本的テーマとなった。

●最初の案 2007-11-09
右手前翼を持つエレメントがIcaros。その上の舟形のものが飛翔、左の垂れ下がるかたちは墜落である。奥、壁際は父親のDaedalos

●2番目の案 2007-12-27
右側がIcaros、翼を持った菩提樹の実の形は飛翔するIcarosと父親。墜落は垂れ下がる水滴状と落下する翼状のエレメントで表す。

●3番目の案 2008-05-05
バラバラになった墜落現場を中心とした案。飛翔も墜落も表されていない。左下 Icaros

●2009常盤台展 2009-10-02-04 （下）
「一つの物語を暗示する6つのエレメント」
として実現した。(p82 参照)

常盤台展 2009

Part7/2010 −

■「まちづくりにおける"車体"・"エンジン"・"ガソリン"」2011
―実践的まちづくりを考える―

"車はエンジンが無ければ走らない。エンジンはガソリン（エネルギー）が無ければ動かない。"

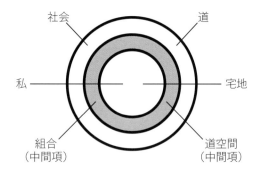

■「城南住宅」における中間項（軟骨）の理解（参考）

1−1 序章―まずは"おさらい"です
　　まちづくりにおける"車体"・"エンジン"・ガソリン（エネルギー）"

- ○車体（理念・計画）
- ○エンジン（人）
- ○ガソリン（動機・熱意）
　エネルギー

●理念／計画／目標は必要だが、それだけではまちづくりはできない
① 理念／目標づくりにエネルギーを消耗してしまうのは不毛
② 小さな目標でまず"行動"、"走りながら"考えよう
　小さな成果―成功体験
③ "べからず"から"できる"へ
　"選択と集中"の重要性
　"息切れ"しないような活動

●いきなり100点満点はとれない
（居住者を超えたまちはつくれない）
① 機動的因子と持続的因子
　←孟子
「故苟得其養、無物不長、苟失其養、無物不消」
　継続は力
② 小さな成功（60点）の積み重ね
　←フィールドでの経験の積み重ね
　　自信と意欲
③ "B級まちづくり"のすすめ
　→"手の届く"ところから
　　"J POP vs K POP"
④ "花より団子"
　→動機を集約しやすい（共有しやすい）
　　"切実な"テーマの発見
⑤ "成果"（問題）の社会化
　←柳田国男
　　"見られる"ことの効果（外の目）

●まちづくりは"人"づくり
① "チーム"であること
　←バラバラの個
　←チームとしての経験の積み重ね
② "チーム"／"まちの人"／"私"
　←多様な参加様態
③ "リーダー"と"水を汲む人"
　→誰かが"汗をかく"必要がある
　熱意と覚悟
　但し、過重負担に注意
④ 何よりも"日頃"のコミュニケーションが重要
　まずは"あいさつ"から
⑤ "BLACK SHEEP"は何処にでもいる

1−2「まちは軟骨がないとギクシャクする」
　　「城南住宅」に見るまちづくりの取り組み（略）

1−3 提案―「花より団子」
　　実践的活動への提案（略）

練馬区高野台5丁目中央地区住みよいまちづくりの会
第30回定例会　講演　（練馬区まちづくりセンター
まちづくり専門家派遣による）2011−12−03

■ Et cætera — 8

一輪挿し 2014

ペーパーナイフ 2009

カードスタンド（流木） 2015

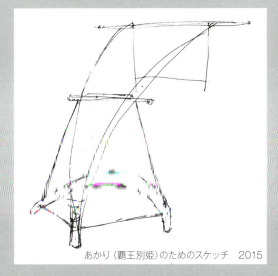
あかり〈覇王別姫〉のためのスケッチ 2015

あかり#83〈きんぎょ〉 2009

#86 スポットライト 2009

Mermaid Table 2015

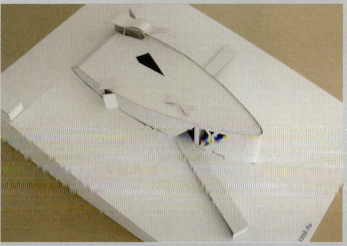
A House of Doll (Re) 1998／2015

■近代ランドスケープ遺産と「モダニズム」 2010
'Modernism' and Modern Landscape heritage in Japan

1．はじめに

「近代ランドスケープ遺産」という問題を考えるにあたって、われわれは改めて、市川和秀が指摘[1]するように「近代日本における造園のモダンデザインとは何か」[2]を問い直さねばならない。「近代」を専ら"時代的区分"（modern ages）の問題と捉えるのか、"思潮的区分"（modernism）の問題として捉えるのか、という問題は重要である。「近代ランドスケープ」を、一般的に「近代」とされる"時代区分"の中で生み出された、多様な「ランドスケープ」を網羅したものとするか、あるいは、「近代」という"知のあり方"の所産を指すのかによって、その定義づけ、対象範囲も全く違ったものとなる。本試論では、「モダニズム」という「知」のあり方と、その社会への展開を手がかりに、その所産としての「近代ランドスケープ」という問題を考えてみたい。

2．「知」の様相としての「モダニズム」

下の2つの図[3)4)]に示す「計画」が、同じ「知」の所産であることは、容易に推測できるだろう。これらは何れも、「近代的知＝モダニズム」の生み出した「類型化」、「標準化」、「規格化」、「効率化」、「普遍化」等の、「近代化」の方向性を示すものであるといえるだろう。いうまでもなく、西欧における「近代」の「知」とは、全能の「神」の力を否定し、代わって全ての物指しの基盤として、「人間の知」を据えるものであった。そして、人間を事物に対する、超越的な「統括装置」として位置づけ、具体的存在としての「個人」を越える、「普遍的知」である「客観」という概念を思考の基礎に置くこととなった。

「人間」が事物を超越的、絶対的に把握、理解できる、「客観」できるという信念が、「類型」という概念を生み、やがて「標準」、「規格」といった「モダニズム」の中心的概念につながっていったと理解される。

もう一つ重要なポイントは、「モダニズム」が"人間開放"の知であり、したがって当初より、強い社会性を指向してきたという点である。「モダニズム」の発展は、大きく下の3つのステージで捉えるのが分かりやすいだろう。

① 「プレモダニズム」（プレモダン）：　前期モダニズム
② 「モダニズム」（モダン）　　　　　：狭義のモダニズム
③ 「ポストモダニズム」（ポストモダン）：後期モダニズム

前期モダニズムとしての「プレモダン」は、19世紀末の「アーツ・アンド・クラフト」、「アール・ヌーボー」あたりから、1920年代の「アール・デコ」に至る流れで、既存の権威や様式との決別を目指したが、今見ればなお強い「様式性」と、文化的文脈に基づく「象徴性」を残していた。「素材」、「技術」、「機能」において、いまだ伝統的枠組みの中にあり、伝統的技術の洗練（インヴォリューション）の段階にあって、新たな時代を担うものとはならなかったが、「プレモダン」は当時台頭しつつあった振興ブルジョワの「イコン」となった。

第1次世界大戦によるヨーロッパ社会の変貌を機に、「モダン」台頭の時代に入る。その中で「モダン」推進の牽引車となった「バウハウス」の存在を見落とすことはできない。「バウハウス」は、初期の造形諸芸術の建築への統合を目指した「アーツ・アンド・クラフト」的運動から、しだいに生産手段としての機械化、工業化を重視する方向へ転じ、やがて"生産物"そのものも「機械」として意識するようになる。そして「機械」は、"手段"から"目的"へ、さらに"象徴"へとその役割を変え、ついには経済合理性を重視する、近・現代資本主義の「イコン」となった。

こうした「機械化」の基盤には、「類型化」、「標準化」、「規格化」、「普遍化」といった諸概念があり、さらにその背景に"確

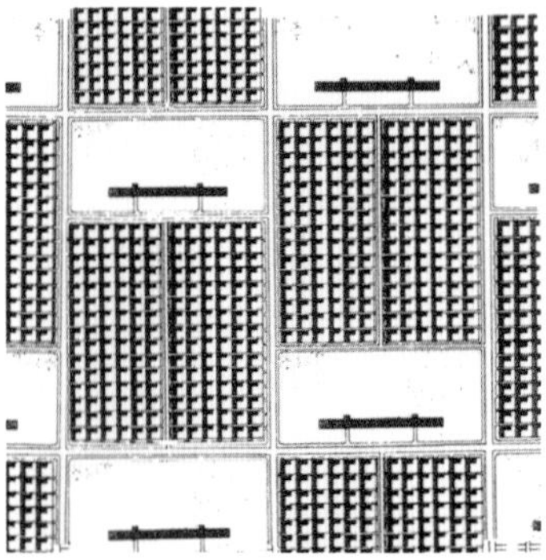

図-1
L. ヒルベルザイマー
集合住宅計画　1931

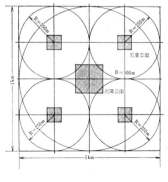

図-2
都市公園法　1956
に基づく公園配置

かな基準"としての「客観」という概念があった。これにより人間は事物を「機械」のように明確な因果関係の集合として理解するようになる。こうした1対1の因果関係に基づく「類型化」はやがて「機能」と「形態」の間に「形態は機能に従う（form follows function）」という「機能主義」のテーゼを生み出した。「モダン」の特性として「産業化」、「商業化」が指摘されている。こうした「標準化」、「規格化」による大量生産、大量流通指向の背景に、第1次世界大戦後のヨーロッパの復興という、大きな社会的要請があったことを見逃してはならない。「モダン」は当初から、強い「社会性」を帯び、地域性を越えた「普遍性」を求めていく。「狭義のモダニズム＝モダン」はまさに革命（レヴォリューション）の時代であった。「バウハウス」の創設者であったW.グロピウスは、「素材」、「技術」、「機能」が同じようであるならば、地域性を越えた"共通のスタイル"になることを示唆した[5]。工業化の果実である「インターナショナル・デザイン」は、やがて地域性、風土性に根差した「素材」、「技術」、「機能」を駆逐し、世界中に同じような風景を増殖させていく。第2次世界大戦後、「モダン」の発信基地はヨーロッパからアメリカに移る。

　「モダン」のもう一方の展開は、「モダンアート」に見ることができる。「モダンアート」が生み出した「抽象芸術」は、具体的存在として対象がもつ様々な文脈を否定し、抽象的「構成原理」のみを取り出したような形態により、「標準化」、「規格化」を指向する「モダン」の形態仮説として、最適であったといえる。こうした「モダンアート」は、包み紙から工業製品、建築、ランドスケープに至るまで、様々なもの、場所でわれわれの生活の背景となっていった。こうした流れの中で、様々なアーティストがデザインに参加し、ランドスケープにおいても、画家のR.B.マルクスや、彫刻家のイサム・ノグチの活躍は良く知られている。

　このような20世紀の"基本原理"ともいうべき「モダン」は、やがて様々なところで破綻を顕にする。その背景には、"ドグマ化"した「モダン」の原理があるが、さらに奥深く"超越的""統括装置"としての「人間」の崩壊が指摘されている。「モダン」の諸原理が拠り所としてきた「客観」が揺らぎはじめたのである。それまで、"中立的"、"超越的"観察者としての「人間」が築きあげてきた「客観」が、個別的対象と特定の観察者との"相互作用"でしかなかったということが、自然科学や社会科学の場から明らかになってきた。われわれが対象にそそぐ"まなざし"それ自体、いわば一つの"選択"であり、"あるから見える"のではなく、"見たいから見える"ということを知ることとなった。「人間」はもはや、「超越的統括者」としての人間と、「具体的存在者」としての人間という、矛盾した2重性を克服することはできなく

なり[6]、「モダン」が掲げてきた諸テーゼは、当然新時代の基本原理とはならず、時代は"基盤なき時代"＝「ポストモダン」へと転じていく。

　こうした意識の変化は、「モダン」の文脈、構成原理、形態原理の否定としての「脱構築」というポストモダン"スタイル"を生み出した[7]。一方"基盤なき時代"という意識は、超越的存在としての「様式」や、場のコンテクストへの回帰を生み、新たな「折衷主義」を生み出すこととなった。こうした、いわば"拒絶反応的"な動きに対し、新たな知見に基づいた、生命、情報といった事柄が、「ポストモダン」の構成原理を生み出していく、可能性が見えてきている。「モダン」の"リセット"型から、"リノベーション"型へと時代は変わり、「エコロジー」や「情報ネットワーク」等が、これからのわれわれの環境を決定する、基本原理となることは、ほぼ間違いのないところであろう。

　振り返ってみれば、自然と人間の関わりあいの中で形成される「ランドスケープ」という分野において、「機械化」、「工業化」を梃子とする大量供給を目指した「モダン」の論理が、どのような積極的役割を果たしたのかという問いに対して、明確な答えを持っていない。既存秩序との断絶、"リセット"を指向した「モダン」にとって、その"抽象的秩序"を乱す、サイトの個別性等は、重視されなかったか、ネガティヴな要素とされたと考えられる。ここで改めて「ランドスケープ」における「モダン」の属性とは何であったかを考えてみたい。

○範疇　　　「社会性」（公共性）、「普遍性」
○目的　　　「実用性」、「機能性」
○基本原理　「類型化」、「標準化」、「規格化」
○素材　　　「工業製品」（2次製品）
○技術　　　「機械化」、「工業化」
○機能　　　「都市的機能」
○形態仮説　「幾何学性」、「抽象性」（モダンアート）
○指向性　　「（サイトの）固有性への無関心」

というような姿が浮かび上がってくるように思える。

3．わが国における「モダニズム」と「ランドスケープ」

　ところで、わが国における「バロック」から「ロマンチシズム」に至る過程は、当然異なる。わが国では西欧的「古典」と「プレモダン」が時をおかず移入された。そして「近代化」とは「西欧化」であり、選択の対象としてこれらが並列的、折衷的に取り入れられたことは、むしろ当然であった。「西欧」との出会いが生

み出したものの一つが、「日本風景の発見」であった[8]。西欧的思考、技術との出会いによってもたらされた、伝統的価値の揺らぎ、日本の「アイデンティティー・クライシス」が、その拠り所として、地域性、風土性に目を向けたことは、ごく自然なことであった。このような「日本風景の発見」は、その後幾度か繰り返される、わが国の「アイデンティティー・クライシス」において、その拠り所を風土性、なかんずく「農」への回帰に見出す、という回路のさきがけとなった。

わが国への「プレモダン」の移入は、「ゼツェッション」の影響が大きく、1920年には、当時の「建築設計は、依然として、様式の選択と組合せ」という状況[9]に対し、自らの創作と表現を目指して、"あらゆる様式との決別"を宣言する「分離派建築会」が設立される。稲垣栄三はその間の事情を「創作の原理を外に対していう前に、まず自分自身に問いかける。このような事情は、日本において自我の完成ということがいかに困難をきわめたかを物語るものにほかならない。」[10]とし、「モダニズム」が、わが国においても"人間開放"と深く関わっていたことを示唆している。「分離派建築会」のメンバーの作風は、しだいに「モダン」の「インターナショナル・スタイル」に移行していくが、1930年代に入り、高まる国際的緊張による「アイデンティティー・クライシス」の中で、民族主義的な波に飲み込まれていく。わが国に本格的に「モダン」が定着するのは、第2次世界大戦後、「資本主義社会」に移行した後である。

筆者は、わが国のランドスケープにおける「(狭義の) モダニズム」の始まりは、震災復興公園にあると考えている。しかし、公園配置計画、平面計画における「モダン」と施設設計における「ゼツェッション」等の「プレモダン」との折衷的存在であったことも指摘しておかなくてはならない。井下清は、震災復興公園の設計を、"単純な様式"による"実用主義"の公園、という言葉で説明をしている[11]。井下のプランは、明快なゾーニングによるシンプルなものであったが、その形状になお強い様式性を残していた。井下の考え方は、戦後に至るわが国の小規模公園の設計に大きな影響を与えたといってよい。震災復興を機に様々な面での「モダン」への移行がみられたことは注目すべきである。杉田早苗と土肥真人は、全国的な公園の計画標準の検討開始が、震災復興事業の頃と重なっていることを指摘している[12]。「モダン」が社会性を背負って誕生したことはすでに触れた。鈴木誠が本誌の「特集・近代ランドスケープ遺産の価値とその保存」の中で引用している吉永義信の「日本近代 造園史は謂はば公園発達史である」という言葉[13]は、示唆に富むものである。

「プレモダン」が主として「私」の様式であったのに対し、「モダン」は伝統的様式を持たない「公共」という、新しい分野の様式となった。無論、「モダン」の住宅があったように、個人庭園における「モダン」がなかったとはいえない。市川秀和は、田村剛の"直線や直角や円のみを採用した"、"実用主義の庭園"という言葉を紹介している[14]。この言葉は、時代はややずれるが、先の井下の言葉と重なるものである。しかし、市川も指摘するように、田村も形態としては「ゼツェッション」の影響が強く、「プレモダン」からの移行段階にあった。戦前の「モダン」の庭園の事例は、1930年代の堀口捨巳等「モダニズム」建築家による、幾つかの住宅の平坦な芝生と幾何学的な建築を対比させた庭園に見ることができる[15]。これらはル・コルビュジェをはじめとするヨーロッパの先例に倣ったものともいえるが、建物に「和室」を残しているのに対応して、和風の庭を併設した、折衷的デザインであった。この折衷性については、すでに1934年に針ヶ谷鐘吉が、明治中期に現れた「芝庭」と呼ばれた風景式庭園と和風庭園との"折衷式庭園"に、表れていることを指摘している[16]。そして今日なお、多くの住宅が洋間と和室という文化的2重性を継承しているように、折衷性はわが国の特徴的なスタイルの一つといえるのかもしれない。

わが国において、「モダン」がその本領を発揮したのは、第2次世界大戦の戦災復興事業においてであった。全国一律の"戦災復興型"「標準」あるいは「基準」は、その後の日本の風景を大きく変えた。こうした「設計基準」、「標準設計」は、戦災復興期から高度経済成長期にいたるまで、官民を問わず"開発"の基本原理となる。規格化された既製品が多用され、自然素材すら"規格化"の対象となった。「地域性」、「風土性」、サイトの固有性は無視され、量的充足のための「経済合理性」が基本原理となった。古典以来「プレモダン」まで引き継がれてきたと思われる、「乞わんに従う」という、わが国ランドスケープの基本原理とは、全く相反するものであった。一方、「モダンアート」の影響は、公園の「プレイスカルプチャー」等に表れ、また庭園では「モダンアート」のミニマリズムと、日本的簡素さが融合した「zen style」と呼ばれる、新たな「インターナショナル・スタイル」を生み出した。1960年代には、都市化に伴う"子供の遊び場"問題が大きなテーマとなり、池原謙一郎らがその担い手となった。風景に目を転ずるならば、農業の機械化、大規模化に伴う耕地整理により、農村の風景は一変し、都市郊外の大規模造成地を埋め尽くす、ハウスメーカーの住宅群は、臨海部の石油コンビナートとともに、まさに「モダン」が生み出した風景であった。

こうした開発によって引き起こされた「アイデンティティー・クライシス」は、人々の目を再び「地域性」、「風土性」、「農」に

向かわせ、「里地」、「里山」が喧伝され、時代は「エコロジー」が次の基本原理になるであろう「ポストモダン」に移行しつつある。「ビオトープ」や「建築緑化」等の新しいカテゴリーが生まれてきたが、「エコロジー」を基本原理とする「ポストモダン」が、これからの市民社会の「イコン」となるには、まだまだ時間が必要であろう。

現在はなお、「モダン」との並行的混在、折衷的段階にわれわれはある。「モダン」は終わってはいない。

わが国のランドスケープと「モダン」という問題を考えてきたところで、「ランドスケープ遺産」を考える上でのもう一つの問題、「ランドスケープ遺産が、建築、土木遺産とは異なり、『変化すること』や『手を加えること』を許容するものであるか」という議論にも触れておきたい。筆者は、単純にこれらを是認することに疑問を持つ。確かに風景は時代とともに変化する、しかし、同じ場所なら異なった様相であっても"同じ風景"といえるのか。また庭園は植物の生長や枯損等により、変化していく。しかし、全く異なった姿となっても"同じ庭園"といえるのであろうか。名称や場所が同じなら、"同じもの"というのは、ランドスケープもまた、それぞれ固有の物的「空間秩序」を持つゆえに、個々の空間として認識されるという、基本原理を無視した、抽象的な議論に過ぎない。「空間秩序」が変れば、"別物"とすべきは当然である。公園等のオープンスペースにおける、「未決定的空間領域」という本質論あるいは機能論的な視点と、具体的空間としてのランドスケープという、固有の「空間秩序」の問題を、混同することは全くの誤りである。専ら土地利用計画面、サイトの選択面が高く評価される場合もあろうが、あくまでも個別的な問題である。また、公園等は"現役"が多く、改変は避けられないとする議論も、説得力に乏しい。現役ということであれば、文化遺産に指定されている住宅は珍しくない。さらに、街全体が文化遺産に指定されている場合など、より複雑で難しい問題を抱えているはずである。改変に関わる問題は、「ランドスケープ遺産」固有の問題ではない。建築や土木においても、老朽化等による補修や、機能上の要請による改変は避けられない。その場合、どの程度の改変まで許されるかの"かぎ"となるのが、その対象の何を評価するかの問題である。その判断は優れて個別的なものであって、一般的な「解」や「基準」などありえない。「近代ランドスケープ遺産」のインベントリーづくりにむけて、改めて対象の"何"を評価するのかを、再確認する必要があるだろう。

4．複数の視点

これまで主として「モダニズム」という「知」を、時代を追って見てきた。文化遺産というと、一般に時代の"傑作"とか"代表例"とかに目が向きがちである。先に「モダン」の社会性に言及した。また、「モダン」がヨーロッパにおいては、第1次世界大戦復興を契機とし、またわが国では、震災復興、第2次世界大戦後の復興に大きな役割を果たしてきたことに触れた。こうした「モダン」のあり方を考えるとき、時代の"頂点"＝上部構造のみならず、それぞれの時代を支えてきた"基盤"＝下部構造、「典型」に対する「類型」といったものにも目を向けるべきではないだろうか。これらは数が多く、またごく"ありふれた"ものであるために、評価され難いが、気がつくと何時の間にか失われているものでもある。これらを対象とすることは、われわれが"どのような風景の中で暮らしてきたのか"を検証する上で、大切なことであると思われる。

さらに、別の視点から考えてみたい。歴史の中で、"失敗"を犯さない時代はない。「近代ランドスケープ遺産」をめぐる問題においても、例外ではないはずである。われわれが"失敗"を直視し、時代の「負」の側面に目を向ける重要性は、「世界遺産」における「負の遺産＝戦争遺産」の例を挙げるまでもないだろう。「近代ランドスケープ」においても、「公害」の傷跡等、「負」の遺産もあるはずである。われわれは、自らの辿ってきた道を正しく知るためにも、そして前代の轍を踏まないためにも、こうした「負」の遺産にも、目を向ける必要があるのではないだろうか。

これまでこの試論では、「近代ランドスケープ遺産」の対象を、機械的に時代区分で見るのではなく、(現代を含む)「モダニズム」という「知」の所産として、捉えることを提唱した。また、それらを"構造的"に「上部構造＝典型」、「下部構造＝類型」という、幅広い視点で見ることにも触れた。さらに、その"意味"として「正」の遺産と「負」の遺産という視点についても、問題提起をした。「近代ランドスケープ遺産」のインベントリーづくりにむけて、幅広い視野を持つためにも、また「近代」の"定位"のためにも、こうした"複数の視点"が不可欠ではないだろうか。

最後に、このテーマの重要な問題である、都市空間構造、市街地形態との関連については、紙幅の関係から割愛せざるを得なかったことをお断りしておく。

1) 市川秀和(2001)：大正期における田村剛のモダンデザイン考と庭園改善運動：ランドスケープ研究　64(5)
2) 近代ランドスケープについては、武田史朗、山崎亮ほかによる、ランドスケープデザインの歴史：学芸出版　2010があるが、我国への言及は少ない
3) L.ヒルベルザイマー(1931)：集合住宅計画：バウハウス　鹿島出版会　1979
4) 佐藤昌(1977)：日本公園緑地発達史下：都市計画研究所　1977
5) W.グロピウス(1925)：国際建築(バウハウス叢書No.1)：貞包博幸訳：中央公論美術出版　1991
6) 檜垣達哉(2002)：ドゥルーズ：NHK出版　2002
7) 脱構築の旗手、B.チュミによるパリのラ・ヴィレット公園の計画(1976コンペ)は、わが国にも大きな影響を与えた
8) 例えば、志賀重昂(1894)：日本風景論(上下)：講談社　1976
9) 稲垣栄三(1959)：日本の近代建築：丸善1959
10) 前掲書
11) 井下清(1934)：都市公園設計上の一考察：造園雑誌1(3)
12) 杉田早苗・土肥正人(2002)：市区改正期から震災復興期までの公園・緑地計画標準に関する研究：ランドスケープ研究65(5)
13) 鈴木誠(2007)：近代造園研究の取り組みと展望：ランドスケープ研究70(4)
14) 市川秀和：前掲論文
15) 例えば、A.レイモンド：川崎邸(1934)、堀口捨己：若狭邸(1939)
16) 針ヶ谷鐘吉(1934)：明治時代の洋風庭園：造園雑誌1(2)

元町公園（東京・文京区）　1930年開園
震災復興公園の姿を残す数少ない事例である。
元町公園のデザインには、ゼツェッションの影響
が各所にみられるが、この装飾柱にはF.L.ライトの影響もみられる

■城南住宅*における景観マネージメントの論点　2011

なぜ、「道沿いの空間」に着目したのか？
なぜ、私物である垣、塀に注文を付けるのか？

01. 中間領域という概念

　「道空間」＝公・私（複数）の領域にまたがる「共有空間」であり、"公的な場"と考えることができる。

　「道空間」は不特定多数が利用する"みんなの場所"であり、"排他的私権"が及ばない「共用空間」である。

02. 中間領域における「私」の責任

　「道空間」に沿う、民地内の垣、塀等は"私物"ではあるが、"公的な場"である道の景観を構成する主要な要素となっている。

　「道空間」の景観は、道を利用する不特定多数が享受するものである。すなわち、不特定多数が利用する"公的な場"に露出あるいは、"公然陳列"されており、それによりこれらの"私物"は、中間領域形成に対する「結果責任」を負っている。

　当然垣、あるいは塀等は建築物と同じく、自己表現の対象であるが、一般的にその道路側の外観は私的領域たる宅地内からは見えず、専ら公的な場である道空間からしか見ることはできない。またこれらを公的な場から、第3者が見ることを排除することはできない。

　「景観法」（2004）は、良好な景観は「国民共通の資産」とし、整備保全を図るとしている。

　道沿いの私物は、この共通の資産に対し、一定の結果責任を果たすことが期待される。

03. 「道空間」の景観評価

　評価の物差しは、"良い／悪い"といった絶対評価ではなく、地域住民が"育み"、"愛着を覚え"変わることを望まない、あり方といえるだろう。

　物差しとしての地域文化、地域の文脈が重要である。

04. 「道空間」の評価主体

　道空間を構成する私物が責任を負うべき対象は、一般的には不特定多数からなる"社会"であるが、一義的にはその地域社会と見るべきであろう。まちなみは地域社会の"顔"であり、メッセージでもある。地域社会の構成員は、地域が目指す"顔"づくり、メッセージづくりに参加することが期待される。

05. 城南住宅における地域文脈の定義

　城南住宅組合では、1924の創設以来緑豊かな田園的町並みを目指してきた。「田園緑地的風致」（1976「組合契約」）を目標とし、「生垣と緑陰まち」実現を目指して、「環境維持基本方針」（2006）「すまいとみどりの指針」（2009）により、この結果責任を"道沿いの緑化"によって果たそうという"とりきめ"を定めている。

　この地域に住む人々は（組合員であるか否かを問わず）この約束を果たすことが期待されている。

06. 意識転換の重要性

　こうしたことを実現するために、私的財産（保護）という視点から、街づくりという視点の転換、緑をめぐる"個人の趣味"という視点から、地域環境という視点への転換が不可欠である。

城南住宅組合環境委員会検討資料
組合の考え方の再整理
2011-11-09

*城南住宅組合：P80　参照

城南住宅　倶楽部前通り（2005）

■推敲（同化／異化）

　モノのかたちに関わる者は、常に最適な表現を得るために、あらゆる努力を尽くす心構えが求められる。モノを通じたメッセージを発信するために、かたちは恣意的に操作される。その背景には、場への思い、文化への想いがある。前者は場の良さを引き出し、共有化しようとする思いであり、後者はその当事者、あるいは場に属する文化への想い、場のアイデンティティーの宣言である。中国の詩人、賈島（779〜843）は、「僧推月下門」の句を得た。同時に「僧敲月下門」という句も得た。推を敲にすべきか迷い、詩人韓愈のアドヴァイスを仰ぎ「敲」を選んだという。（唐詩記事）これは、月下の山寺の静けさを表すために、「推」という音を消した静けさの強調か、突如山門を「敲＝たたく」音によって破られる静けさを引き出すかという、静けさへの調和＝同化（Catabolism）か、対比＝異化（Anabolism）かという選択の問題ということができる。場の良さ、用の思いがけない展開を求めて、どのようなメッセージをかたちを通じて発信していくかによって、選択は異なる。

　かたちに関わる者は、ある時は支持者であり、ある時は調停者、またある時は啓発者、異議申立人となる。

① 「同化」＝部分と全体が一体になること

　建築家E.サーリネンは、建築の6つの基本理念をあげているが（1959ディキンソン大学での講演）、その一つに「建築の主題の徹底的な用」をあげている。室内と室外を問わず、人間の身の回りにあるすべての物質的環境を取り扱うのが建築であるとするサーリネンにとって、"椅子や戸棚はもちろんのこと、ナイフ、フォークや灰皿といった小物にいたるまで"「主題の徹底的な適用」、すなわち「同化」の対象であった。（「エーロ・サーリネン」穂積信夫　鹿島出版会 1996）建築家内井昭蔵は、建築の部分と全体の一貫性、一体性の重要さに触れ、次のように述べている。"大切なのは部分をつなぐコンセプトである。それは機能ではなく、宗教性ともいうべきものと私は思う。"（内井昭蔵「村野藤吾の装飾について」生誕100年記念「村野藤吾イメージと建築」新建築社 1991）ここで内井がいう"宗教性"という概念が、正確にどのようなものであるかは分からないが、"情念"、あるいは自らのかたちに対する思いへの"確信"といったものに近いのではないかと思われる。

② 一方、「推」に対する「敲」のように、まったく異質のものを組み合わせることによって、ある特質（例えば場の特性）を際立たせる、「異化」の手法もある。E.ブロッホは、「異化」とは、"ある過程や性格を習慣的なものから置き換えること、（中略）そうしたものを自明なことと認めさせない"ためのもので、日常生活に現れた"亀裂"、"親しみ慣れてしまったものにハッとおどろかすような遠い鏡をさしかけること"と述べている。（E.ブロッホ「異化」片岡啓治訳　現代思潮社　1976）

③ 引用／写し

　人のうみ出すかたちの背景には、人の営みがあり、文化がある。またそれに関わった人々の、"やりたいこと"がある。そうした諸々への共感、憧憬が、同じもの、あるいは同じようなものを求めるという、新たな"やりたいこと"を生み出す。こうしたプロセスは、文化の伝播の一般的な過程であり、かたちは引用、写しを繰り返すことによって磨かれてきたといってよい。引用あるいは写しは、対象となるかたちを生み出した、人あるいは文化に対するリスペクト、連帯を表明する道具である。日本の伝統的文化の中では、「型」の問題と絡んで、引用ないし写しはごく普通の行為といえる。オリジナル（本歌）と写しを並べて評価するといった、独特の文化を生み出した。西欧におけるコピーに対する否定的態度とは大きく異なる。世の中に全く新しいかたちなどない。オリジナリティーとは、引用・写し方の独創性に他ならない。引用・写しは単なる「まね」ではなく、そのかたちの背景にある「型」、およびそれを生み出した文化への、強い支持が込められている。引用あるいは写しは、かたちを通じて伝えたいメッセージを、より的確に伝えるための、今なお重要な道具の一つである、といってよい。

（「造園実務必携」ドラフト　2016）

「URU」2000 "実現可能な" 未来のイメージ「草加松原団地建て替え計画」(P74) のまちなみイメージのベースになった "空間原型"

■自分のかたち

　モノのかたち決定に関わるファクターは、しばしば相矛盾しながら、多岐にわたる。機能（用）は必要条件ではあるが、機能（用）による"自動決定論"はフィクションであり、「かたち」は自ずとは決まらない。最終的には、誰か＝（例えば）自分で決めるしかない。その結果、「かたち」から完全に"個我性（個別性）"を排除することはできない。かたちの選択に幅があるとすれば、自分の"やりたいこと"をそこに反映させるということは、むしろ極めて自然なことといえる。かたちはしばしばきわめて属人的であり、恣意的である。言葉を変えれば、"やりたいこと"の投影である。かたちに関わる情念的側面は、十分条件として無視することはできない。"やりたいこと"は個々人の経験から生まれるもので、しばしば他者には理解できないこともある。人がかたちを決める以上、かたちにはその人の性格、好み、思想、その時々の心理状態等々が、色濃く反映される。人それぞれの解釈するかたち（空間）、言い換えれば気持ちの良いかたち（空間）がある。結局人それぞれ自分のかたちから逃れることはできない。おそらくそれは、それぞれの経験—学習によるものと推測されるが、その道程は自分の好きなかたちとの出会い、知ることから始まる。一般的に言って、知ることによる"引き出し"の多さは、多様な状況に対処できる力を養う。絶えずアンテナを張り、知識の幅を広げること、時代・地域さらに分野を超えた"知"の収集、多様な経験、多様な発想が求められる。さらに、かたちによる意図の客観化、およびその検証の訓練が必要である。加えて"場"を読む力の習得、そのための場の経験の積み重ねが求められる。場を離れたかたちは存在しない。"場の中のかたち"という視点、場の文脈とかたちの関係、"場を活かすかたち、殺すかたち（それは単に、調和的か対比的か、ということではない。）を見極める力を養うことが求められる。ある形の選択を繰り返すことによって、次第に"自分のかたち"に育っていく。普遍的なかたちなどというものは存在しない。誰かがかたちを決めなければならない。無論かたちに関わる様々な回路＝社会的、経済的、文化的等々を無視することはできないが、それでもかたちに関わる"属人性"を超えることはできない。ある個人的かたちが共感され、広く共有されることによって、個のかたちが社会のかたちになる。それが単なる模倣、流行に終わることもあれば、"文化"として蓄積されて、地域のかたち、民族のかたちに発展することもある。個として自分のかたちに磨きをかけるとともに、社会として磨きをかけることも重要である。

（「造園実務必携」ドラフト　2016）

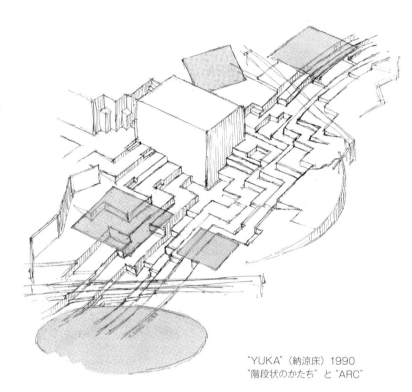

"YUKA"（納涼床）1990
"階段状のかたち"と"ARC"

■ Et cætera − 9

これら"自分のかたち"はデザインを決定する触媒として、意図的に操作される。
この場合かたち＝原型は、しばしば機能や場の条件とはかかわりなく設定され、
デザインプロセスは演繹的になる。

● UENODESIGN のかたち−1 〈SPITFIRE もしくは ARC〉

2Wings 2004

あかり Spitfire 2009

House of Doll-ARCADIA 1998

西宮名塩NT ナシオン広場 1989

多摩NT きらめきの広場 1986

● UENODESIGN のかたち−2 〈階段状のかたち〉

多摩NT きらめきの広場 1986

多摩NT-B4 せせらぎ 1989

左／千葉市原NT 扇田橋 1992
右／西宮名塩NT 歩道橋 1990

■ "造園"という視点（抄）

「造園とは何か？」というよくある問いこそ、無意味な問いであり、その答えがあるとすれば、その答えもまた無意味である。なされるべき問いは、「何が造園と呼ばれたか？」でなければならない。「造園」とは（既成の）固定された枠組あるいは範疇ではない。造園とは"ものの見方"であり、それに基づいて他の分野の技術を含めて使いこなす総合力である。「造園」という言葉自体、さほど古い言葉ではない。歴史の中で、住まい周りの空地（ニワ）から始まって、庭園、都市公園、街路、自然公園などへと、その時々の社会構造の変化に応えるべく制度化され展開すると同時に、その内包も様々な土地利用を包含する景観保全や、地域さらにはグローバルな環境保全・管理へと展開してきている。こうした人々の営みの"くくり"は視点を変えれば、自然を保全しながら人々の生活環境を快適に、かつ"美しく"構成、維持していこうとする"ものの見方"、あるいは営みであったと言える。そして、今日的課題としては、いかなる状況下にあるとしても人間的生き方を失わないために、自然を助けとして、生活あるいは生存の場を担保、拡大する試みと言うことができる。

社会は生きている。そして「造園」と呼ばれる"くくり"もまた、他の多くの文化的営み同様、生きて流動的である。時代とともに変化していく、明確な固定的バウンダリーを持たず、その内包も外延も常に流動的であり、「くらげなすただよえる」（古事記）"症候群"としかとらえられない領域なのである。また同時代であっても、ものの見方は多様である。ここで、時代とともに変化をしていく、明確な輪郭を持たない「造園」と呼ばれる症候群の"様相"に、多くの人々によって共有された"中心的様相"があるのか、という問題を考えてみたい。もし、そのようなものがあるとすれば、「造園」という症候群の中心的部分が存在し、われわれはその中心的部分を手掛かりに、「造園」というダイナミックな"大河"を、より総括的に捉えることができるのではないかと思う。

これまで「造園」と呼ばれてきたものの中心的様相として、"自然環境との接点の形成"という点がまず挙げられるだろう。もとより、全ての環境形成、維持に関わる技術は自然環境との接点を形成しているわけであるが、とりわけ「造園」として呼ばれてきたものは、そうした点の最前面に位置すると見ることができそうである。

そして、その今日的様相として、
・「機能」：自然空間の中への生活の場の形成。
自然との"インターフェース"という場の形成。
・「構造」：環境としての土、水、植物といった自然的要素の活用、あるいは保全制御する技術。
・「実体」：目的化された屋外環境の積極的形成。
目的的生活の場としての屋外（野外）空間の要請。
さらに、五感の対象としての環境の捉え方。
視覚、聴覚、嗅覚、触覚等をはじめとする五感でとらえられる世界という理解。
・「象徴」：自然観、世界観のモデルとしての、理想的環境モデル。
「世界模型」としての「庭」の存在。
実態としての環境を超える、概念としての環境像（統合原理）を伝える、"芸術"としての役割を担ってきた存在。自然観、世界観の表現の場、人と環境を"美"によって結ぶという原点の存在を示唆するものとしての「庭」の理解。
といった諸点があげられるであろう。（中略）

今、21世紀初頭のますます人工化する都市環境、多発する自然災害、増大する紛争難民という世界状況の中で、人々の生活環境を見る時、果たしてこれまで「造園」と呼ばれてきたものが、そこに介在しているといえるか、有効な役割を果たしているのか、あるいはコントロールできない中間領域が出現する状況に、なりつつあるのではないか、という疑問を抱かざるを得ない。（中略）

しかし、一方「市中の山居」という言葉が今日的言葉として蘇り、「庭園的世界像」を造出すべく、新たな解を求めることになるかもしれないという希望もある。

われわれの環境に自然のダイナミズムを取り戻すという、「造園」というくくりの中心を見直すとともに、「美しいものは、人との良い関係をつくる。美しい環境もまた人との良い関係を生み出す。人と環境の良き関係が、環境の安全性や快適性を守ろうとする意識を育て、環境を破壊する力と戦おうとする力を与える。"美しい"ということが、環境を考える上での基本的事項になる」という、問題の核心も忘れてはならない。

（「造園実務必携」 没原稿に加筆 2015）

■ CASA UENO —二人と一羽の家

〈CASA UENO NERIMA〉練馬区向山　1989 − 2014

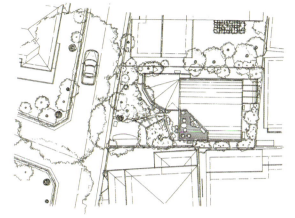

〈CASA UENO CHIKURA〉南房総市千倉町　2015 −　（リフォーム）

■ 6+αの言葉で探る「計画」と「設計」のはざま

2016-12-03　第50回二葉会総会講演

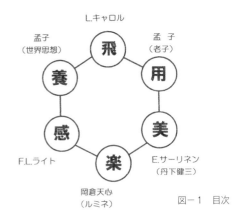

図-1　目次

図-2　苛立たしい円環
"The Snark was a Boojum"
$x=y=z=$　$α=β=γ…$
代数を他の代数に置き換えるだけ
（落合・鶴牧地区打ち合わせ資料
1977　P23参照）

　本題に入る前に、なぜ「計画」と「設計」という問題をここで取り上げたのか、ということでありますが、特に積極的理由はありません。実はこのところある出版企画に関わることになって、そこで改めて「計画」、「設計」という問題と再度向き合う機会があり、今回この講演のお話を頂いたときに、"手持ち"のネタで過させて頂こうということで、「計画」、「設計」と言う問題を取り上げることとした、ということであります。

　第2点目として、このタイトルにもありますが、"言葉で探る"といっていますが、なぜ"言葉"かということでありますが、私は（例えば講演という）"言葉"で伝えられることは、"言葉"しかないと考えています。"言葉"というのは、ご承知のように"記号"と"内包"、"Notation"と"Connotation"という2つの要素で一つの言葉としての機能を持っています。要するに"記号"と、それが"意味するもの"という対の関係で、言葉というものが成立している。ところが、私たちが知らない外国語が分からないというのは、外国語の"音"＝記号は分かっても、それがどうゆう"内包"であるか、ということを知らない、そのことによって言葉が通じない。あるいは、こちらがある考えを伝えようとしても、その"内包"がどのような"記号"に対応するのか、ということを知らないことによって、外国語で伝えることができない、という構造になっているわけです。それと同様に、私たちが共通の日本語で話していても、記号というのは、音あるいは文字として発せられ、送り手、受け手が共有する事ができますが、それが何を意味するかという内包になりますと、それぞれ受け手の"手持ち"の情報でそれを判断せざるを得ない、ということになります。例えば、私がここで"犬"という言葉を発したとしますと、ある方は大型犬を思うかも知れないし、ある方は小型犬かも知れない。

またあるいは、犬にかまれた経験を呼び起こす方もいるかもしれないし、長年飼っている自分の犬を思う、という方もいるだろう。ということで、一つの記号が、いろいろな内包につながっていくし、その内包というのは、それぞれ受け手の"自前"の情報である、ということであって、言葉というものは非常に難しい問題である。にもかかわらず、私たちは「計画」とか「設計」とかをやる時に、道具として"言葉"をかなり使うわけです。その辺りを念頭に、今日はお話をしたいと思うのですが、今申し上げたようなことで、私は"言葉"は"ことば"、要するに"記号"しか伝えることができない、で"内包"はそれを受け取った方が、それぞれ自前の情報から推測して行く、ということになる、ということで、その"記号"としての言葉を並べてゆきたい。それによって皆さんの中で、それから誘発される、いろいろな情報なり、考えなりに展開して行ければ、大変良いことだし、すぐ忘れてしまっても、別に毒にもならない、ということであります。今申し上げたように、言葉というものはことば（記号）しか表せないし、内包というのは、それぞれの方の経験の関数になってくる、ということであります。そうゆうことを踏まえながら、お手元のレジュメの図-1目次というところにあるように、6つ+αの言葉を選んでみました。選んだ言葉も特に深遠な理由がある訳でもなく、適当に選んだという訳でもありませんが、それほど深い理由もない、ということであります。今日の話は、こういった6つ+αの記号についてお伝えするということで、そこからいろいろなことを連想して頂ければ幸いだと思っています。

　まずスタートは、一番上の「飛」という字。これは飛躍の"飛"でありますが、そこからスタートしていって、「用」、「美」、「楽」、「感」、「養」ということに繋げていこう。ただし、このつながり

も特にこれでなくてはならない、ということではなくて、たまたまこうゆう形でつないだというだけのことであります。

飛　まず発端—多摩NT／落合・鶴牧（B-3）地区の経験
"For the Snark was a Boojum, you see"
ルイス・キャロル〈The Hunting of the Snark〉
「ルイス・キャロル詩集」高橋康也・沢崎順之助訳
筑摩書房　1977

　まず取っ掛かりとして、この「飛」ということについて話をして行きたい。なぜこうゆう問題に突き当たったかといいますと、1978年に私は当時の日本住宅公団が開発しておりました、「多摩ニュータウン」の落合・鶴牧地区という地区のマスタープラン見直しに関わる機会を得ました。

　そこで、そのマスタープランの中で、どのようなことを目指したのかといいますと、その当時それまでのニュータウン開発、あるいは団地開発の中で、典型的に見られてきた"等質"のトウフを並べたような、何処を見ても同じような景色が連なっている、という状況に対する、居住者へのアンケート調査を公団がしたところ、いろいろな意見が出てきた。そういった意見を私たちマスタープラン・チームが検討していって、必要な方策として"（都市）空間の構造化を図る"ということを一つの目標として導き出したわけです。その"構造化"というのは、いろいろなレベルがあって、点あるいは一つの場の"点"で表される、あるいは点として捉えられる領域、あるいはそれが"線状"につながっている領域、"面状"に広がっている領域、様々なレベルの場があって、その中での構造化という問題が出てくる。あるいはスケールとしても、非常に大きなスケールから、ヒューマンな小さなスケールまで、いろいろなスケールがある、というようなことを踏まえようとか、あるいは空間構造を"視覚化"して行くために、"地"になるところ＝下地になるところと、そこに描かれる"絵柄"、「地と図」という構造を持ち出して、その地であるニュータウンの場合ですと、住宅地が主なものなので、住宅地という「地」に対して、何かで「図」を造りだして、それを視覚化することによって、あるエリアの空間構造を分かり易く把握できるようにして行こう、と言っていろいろなアイディアを出して、検討を進めてきたわけです。その他に、従来の団地ですと、あまり大きなスケールの眺めというものが形成できなくし、大体スケールとしてもより大きくないものが、繰り返されるとか、あるいは同じような形が繰り返されている。そういったことに対してある構造を造って、それを視覚的に際立たせるという目的のためには、例えば「異形化」という異なった"かたち"を導入する、といった方策が考えられる等々を、「計画」の言葉としていろいろ検討を進めてきたのですが、いざそれを地図上にプロットするとなると、まったく手掛かりがない、ということに気が付いた、ということです。要するに、"言葉"はことばであって、ある地図上のここに、こうゆうものがある必要がある、ということにはそのままつながらない。つなぐためには何か別の要素が必要になってくる、ということが分かってきたわけです。

　そういった状況を表したのが、図—2のヘビの絵みたいなものです。そこに"The Snark was a Boojum"という言葉が書いてあります。これは「不思議の国のアリス」のルイス・キャロルのナンセンス詩の中に出てくる言葉なのですが、ご存知の方もいると思います。あらすじは、ある人物がSnarkという架空の生物を求めて、仲間を集め、狩りに出かけるという話ですが、その中でSnarkについていろいろなことが書かれているのですが、一向にその姿に収斂して行かないような書き方になっています。要するに、Snarkを代数でxとしますと、そのxはyであって、zであって……と無限に他の代数に置き換えるだけ、という詩になっています。その中で強調されるのがSnarkがただのSnarkだったら問題はないが、SnarkがBoojumであったら大変なことになる、ということです。で、Boojumというのも"未知数"なわけです。x=yであったら大変なことになる、と言っているわけですが、yが何で、どうゆう風に大変なのか分からない。ということで、詩が進んでいって、最後にメンバーの一人がSnarkを見つけた、と叫ぶわけです。その瞬間にその発見者も忽然として消えてしまう。ということで、忽然と消えた時に、そこに書いてある"For the Snark was a Boojum, you see"という結びの言葉で終わります。要するに、"SnarkはBoojumだったのだ"ということで、"お分かりでしょう"ということなのですが、さっぱり分からないわけです。私たちが多摩の落合・鶴牧で陥った状況というのはまさにそれで、要するに"計画のことば"としていろいろな言葉を紡ぎ出していっても、それはちっとも具体の地面にくっつかない。常にそれと違う代数と置き換えるだけという、堂々巡りの状況がずっと続いて、それで同じ平面をぐるぐる回っている。それを私たちは"苛立たしい円環"と呼んだわけです。そこで分かってきたことは、「計画」という地平と「設計」という地平は、連続していないのだということ。それが平面に描かれている為か、上下関係になっているのか、どちらが高いのか、低い点でそうゆうことは分かりませんが、とにかく「計画」から「設計」へリニアに繋がっている、ということではない、ということが分かってきた。それでは、どうするかという時に、私たちが考えたのは、繋がっていないという前提で"かたち"の問題というのは、"かた

ちの問題"として考える、ということをやっていこうということです。要するに、「用」＝「機能」の方から押えていっても"かたち"にはならない、ということであれば、"かたち"は"かたちの論理"があるかもしれないということです。まずその"かたち"の仮説を出そう。で、この"かたち"の仮説というのは、極めて恣意的に創られているわけですけれども、それは何処から出てくるかと言うと、さきほどの「地と図」、そのために「地」に対して「図」が"異形化"している、と言う一つの仮説を出して、当時われわれが見ていた「団地」の風景に対して、"異形化"を形成するかたちというのは、どのようなものかということを考えました。そしてここに書いてある"モヒカン"、"バオバブ"、"ウッド"、"モール"、"緑衣体"、"グロット"、"フィールド"、"カスケード"という8つの形態仮説を設定しました。これらはあくまでも"形態"に関わる仮設で、"機能"とは関係なく、要するに（当時の団地風景に対する）"異形化"ということから導き出された、それもきわめて個人的背景を持った言葉でありまして、これらが具体的に何を意味するか、ということよりも、先程「言葉」のところで触れましたけれど、こういった言葉が、私は私なりに言葉とかたちの対応関係を一応持っていたわけですけれど、これを「言葉＝記号」として発することによって、これを受け止める人々によって、その"内包"が違う。その違う内包を寄せ集めて、見比べて、比較して一番良い"解"はなにか、ということを見つけていこう。メンバーが導き出した形態イメージと、基本的な目標である「都市空間の構造化＝視覚化」ということが最もフィットする"解"というのは、その中でどれだろうということを探ってきたわけです。それによって初めてレジュメにあるような（p27参照）地区の空間構造を、実際の地図の上にプロットすることができたわけです。では、こんな面倒くさいことをなぜやるのか、ということをその時も考えたわけです。その前に私たちの何人かは、同じ公団の「港北ニュータウン」のマスタープランに関わっていました。その時は、こういった問題は特に発生してこなかった。それは何故だろうと考えてみると「港北」の場合は、それまでの農村的土地利用をしてきた元の地形、地物がほぼそっくり残っていた段階で、私たちが関わっていた。したがって、そこに残されていた地形、地物、文化財なり、自然資産なりを手掛かりとして、空間を組み立てていく、ということができたわけです。ところが、「多摩」の場合は、既に大造成が終わっていて、幹線道路が通って、歩道橋も一部架かっていた、という状況でマスタープランの見直しが始まったと言う状況なので、そういった手掛かりというものが非常に少なくなってしまっていた。ということでほとんどゼロからモノを考える、みたいなことをやらなければならなかったということであります。ここで大切なことは「港北」の場合、元の地形、地物があったからプランができた、ということを考えてみると、元の地形、地物というのは、別にニュータウンの「用＝機能」のために造られたものではなく、それ以前の農村的土地利用の中で生まれてきたものである。そこで、都市開発という機能とモノが背負ってきたものとが、全然無関係に出会うわけです。

ということは、都市の機能の側から見れば、都市の用＝機能とは関わりなく"かたち"があるという状況である、ということがそこではっきりしたわけです。そのことが、先程の「計画」と「設計」は繋がっていない、ということを改めて認識させる一つの材料になってきました。では、一般に皆さんはそんなことを考えてやっているかと言うと、必ずしもそうではないだろうと思います。では、なぜそうゆうことを考えずに済むかと言うと、実は離れた「計画」と「設計」の間に、"はしご"あるいは"渡し板"のようなものが架かっているわけです。その"はしご"なり"渡し板"は先例あるいは伝統から生まれますが、そこから踏み外さない限り、次のステップに進めるという構造になっている、ということが分かります。ただ、私たちが「多摩」で遭遇したみたいな、例えばオープンスペースの機能として"都市空間を構造化する"と言うようなことは、多分どの教科書にも書いていない。無論結果として"構造化"しているわけですけれど、それが都市オープンスペースの主要な機能として捉えられている、ということではない。ということがありまして、そこには"はしご"が架かっていなかった、ということであります。それで、"はしご"が架かっていないと大変な苦労をしなければならない、ということです。では、「用」と「かたち」の問題は、今先例とかに触れましたが、どのような形でわれわれの中に入り込んでくるのか、ということを考えてみると、図―3に「レモン絞り」の道具の写真が4つほど出してありますが、要するにわれわれがレモンを絞るという「用」のために、どうゆう"モード"（様式）で絞るか、ということによって、その道具のかたちが変わってくる。例えば、図の左から2番目のプラスチック製のよく見るレモン絞り器だと、大体みなさんご存知だろうと思います。ところが、こうゆうタイプを使っていても、1番左のフィリップ・スタルクのレモン絞り器（Juicy Salif 1990）ですが、これを見て"これは何だ"と聞く方が結構います。ただこれがレモン絞り器だと言うと、どのような使い方をすれば良いかということは、すぐわかる。それは左から2番目とおなじ"モード"でレモンを絞る、という形になっているからであります。右から1、2番目の例となると、まったく違ったモードで絞る、と言うかたちになっています。このように、モードがどういったモードであるか、ということによって「用」と「か

たち」を結ぶ回路ができてくる、ということであります。

用　「用」とかたち

"山径之蹊、間然用之、而成路。
為間不用、則茅塞之矣。　　孟子（尽心）

「孟子」今里禎訳　「中国思想Ⅲ」　徳間書房　1996

　「用」と「かたち」の回路というものが、ある生活の様式＝モードを介して形成される、ということを考えてゆきます。その「用」を考えて考えると、上に孟子のことばを引用していますが、要するに道というものは、しばらくの間使っていれば、そこで"けもの道"なり"踏み分け路"が自ずとできてくる。たとえ道であっても、誰も通らなければ、何時しか草ぼうぼうの野原にまた戻ってしまう、ということを言っています。孟子はこれを"心"の問題として言っているわけですが、これをさらに発展させてゆけば、「用」というのは、必要があれば絶対にできるのだ、と考えることもできる。そこで「設計」の時に、そうゆうこと（用）をあえて考える必要はないだろう、と言うのが今日の私の論点の一つです。要するに、これは"できてしまう"ものだということで、できてしまうものは自ずからできるようにしておけばよいし、できてしまうものを一所懸命妨げようとしても、それは無意味なことであります。例えば、公園などで園路を造ると、必ず踏み分け路みたいなショートカットができてくる。そうゆうのは止めても止まらないもので、そうしたものを「用」であると考えてみると、非常に「設計」のところで楽になってくる。要するに、「用」はできるのだ、自ずからできてしまう、必要なだけできますよ、ということであります。例えば、「多摩」の公園でもあったのですが、当初野球場という要請で造ったものが、時代が変わってサッカーがポピュラーになって、野球場がサッカー場に造り変えられる、と言うようなことは、ごく当たり前のことであって、「用」というものは常に、本当に必要であれば、ほとんど自動的にそこに出来上がる、と考えておいて良いだろう。したがって、「設計」における主要な課題ではない、というふうに考えています。そこで、もう一つなんでも良いかと言うと、必ずしもそれが一番効率が良いわけではないので、自ずとできるということを前提にして、効率の良いあり方、自ずからできやすいかたちを考えてゆきたいということになります。レジュメの中では落としてしまったのですが、「用」の孟子のところに（　）して、老子を加えておいて下さい。

"埴を埏して以て器を造る。其の無に当たりて
器の用あり"　老子　　無用第十一

「老子」新書漢文大系2　阿部吉雄　山本敏夫
明治書院　1996

　粘土をまるめて器を造る。器が無（中空）であることによって、器のものを入れるという機能が満たされる。器が何かによってみたされていれば、ものを入れるという機能を果たすことができない。したがって、オープンスペースで一番大切なことは、そこを無（中空）にしておくこと、限定しないこと、「用」ができ易いかたちとすることであると考えています。であるから「オープンスペース」と呼ばれていると考えています。では、「用」というものは、自ずから形づくられるとすれば、「設計」において一番大切なことは何か、ということを考えてゆきますと、次に引用しているのが、アメリカの建築家のエーロ・サーリネンの言葉であります。

美　「設計」において最も大切なこと

"美しい環境としての建築は、人々に生きる確信を与えるという役割があり、これは機能や実用を超えた、大切な使命だと思われます。"

エーロ・サーリネン
「エーロ・サーリネン」穂積信夫　　SD選書
鹿島出版会　1996

　この言葉は、非常にサーリネンらしい、ということも言えます

図－3　様々なレモン絞り器のかたち　「用」はモード（使用の型）を介して"かたち"に結びつく

けれど、要するに"美しいもの"は人とモノを、良い関係で繋いでくれます。私たちが美しくないと思うと、そのものが"疎ましく"感じるということができます。それをさらに発展させれば、美しいと感じられる環境に身を置くことは、人にとって非常に幸せなことである。それが一時的なことにせよ、非常に大切なことであるというサーリネンの言葉は、私は非常に重要であろうと考えています。

それ以外の「用」というのは、先ほど申し上げた様にほとんど自動的にできてくる。だから、自動的にできてしまうものに対して、そんなにエネルギーを使うことはなくて、エネルギーを使うべきなのは、美しい環境をどうやって生み出すか、ということであろうというのが「美」のところで言わんとするところです。「美」というのは、人とモノを肯定的につないでくれるし、"美しい環境"というのは人を幸せな気分にしてくれます。例えば山に登った時に、美しい風景を見ると、そこで心が洗われるような気分になる。あるいは、海が好きな人は、大海原を見れば、非常に気分が高揚するといったことであります。それは都市の風景であっても、同じようなことが言えるのではないかと思います。サーリネンの言葉に通ずるような言葉として、丹下健三先生が次の様な言葉を残しています。

"美しいもののみ機能的である" 丹下健三
「新建築」 彰国社 1955・1

この言葉は、多少サーリネンの言っていることとはニュアンスの違う（あるいは遠慮した）ものであるとは思いますけれど、やはり美しいものを求めるということが、建築行為の中で大きな要素なのだ、ということを先生も言っておられる。これは別に建築に限らず、例えば身の回りの色々なもののかたちを考える時にも、やはりそれが人にどの位生きる喜びを与えてくれるか、ということを考えることは非常に大事なことだろう、と私は考えています。

そうゆうことを考えてゆきますと、つまり「美」ということが、環境にとって非常に大事なんだ、ということを考えてゆくと、それを受け止める私たちの生き方の問題にも関わってきます。私たちが実利を求めて、「用」を追いかけている内に、何時しか「美」というものを、置き去りにしてしまっているのではないか、ということを感じるわけです。いま合理性とか言っていますが、基本的には経済合理性であり、生産合理性である。生活にとって本当に"理"に適ったものでは、必ずしもないだろう、と私は考えています。

(楽) そして生き方の問題—脱合理性の勧め
"われわれはあまりにも分類し過ぎて、
あまりにも楽しむことが少ない" 岡倉天心
〈芸術鑑賞〉「茶の本」 村岡博訳
岩波文庫 1929

その次の「楽」のところで引用したのが、岡倉天心の「茶の本」(Book of Tea)という本の中の一節です。天心は日本語で本を書いていないので、必ず翻訳者がいます。翻訳する人によって多少テキストが違う、ニュアンスが違うということがあるのですが、これは岩波版からの引用であります。これはどうゆうところで言っているかというと、博物館の展示に関するコメントでありまして、あまりアカデミックに過ぎて、見ていて、例えばガラス瓶に入ったホルマリン漬けがずっと並んでいる、と言うのを見せられても、アカデミックに見るとそれなりの興味、面白さがあるにしても、それを"楽しむ"ということはあまりできない、ということで博物館は今では、いろいろな手法を使って、例えば生態を再現するといった、見ていて楽しい、興味を持てるような展示に代ってきていますが、天心は1929年にこのようなことを言っています。それは根本に、当時も今も、あまりに理屈の方に偏り過ぎている。言葉が理屈にとらわれて、心とか、もののかたちの持つ力とかいうものに、目が向けられていないことが、そこから感じられるのではないかと思います。したがって、私たちはもう一度経済合理性とか、生産合理性とかという、理屈を離れて、もう一度ものが持っている"力"に対して目を向ける必要があるのではないか、ということであります。

それで、そうゆうことを考えて、8月に東京に出てきまして、新宿のバスターミナルから向かいの「ルミネ」を見ましたら、右頁の図の大看板が出ていまして、まさにこれだということであります。

"言葉に頼りすぎると、退屈な女になっていく"
新宿「ルミネ」 2016

多分私たちも言葉に頼りすぎると、私たちの人生も退屈なものになっていくのでしょう、ということであります。

やはり人間というものは「身体性」を持っていますから、頭脳だけでコントロールすることはほとんど不可能である。そういった身体性が求める「美」であるとか「楽」であるとかということを、もっと大事にしてゆく必要があるのではないか、ということであります。

そうゆうことを踏まえた上で、実際設計行為の中でどういったかたちで、「美」とか「楽」とかということに接して行けるか、というのが次の「感」というところです。

(感) かたちへのアプローチ

"ライトは建築ができてくるのは、Feeling － Notion － Techinique という順であるという"

「フランク・ロイド・ライト」天野太郎・生田勉

彰国社　1954

これは、建築家のフランク・ロイド・ライトがこう言ったとお弟子さんの天野太郎さんが紹介している言葉を引用しています。ライトの言葉は建築ができてくるには、感性が第1である。その次に理屈が来て、その後に技術が来ると言うことを言っています。現代のものの造り方を見ると、それが逆転している可能性がある、ということも考えられるのではないか。私たちは、例えばこの部屋に入った時に、"頭"でこの部屋の諸元を理解する前に、感性としてこの部屋の大きさとか、明るさとか、雰囲気といったものを受け止めている。

私たちは生き物ですから、まずあるものに接する時に、明で受け止める前に感性で受け止めているはずだということで、それを一番初めに置こう、大切にしようというのが、ライトの言っていることだと思います。

そうゆうことで、私たちが設計なりなんなりをしてゆく前に、問題をモノ＝構成要素、あるいは言葉として捉えてゆく前に、モノそのものとして捉える、あるいは感じるというトレーニングが必要になってくるだろう。そうしてくると、私たちはどのようなトレーニングをしてゆけば良いだろうか、と言うのが最後の「養」というところであります。ここでまた、孟子の言葉を引用しています。

(養) 感性を養う

"故苟得其養、無物不長、苟失其養、無物不消"

孟子 〈告子〉　（同前）

要するに、日々の養いを得れば、どんなものでも成長してゆく、また日々の養いを断ってしまえば、どんなものでも潰えてゆきますよと。これは先ほどの「用」のところの言葉と同じようなコンテクストでありますが、やはり孟子は心の問題として、日々の養いこそが大切であると言っているわけですが、私はこれがすべてではないかと思います。要するに、私たちがものを感じるというトレーニングも、日々それに栄養を与えてゆき、そうゆうチャンスを与えてゆくということをしてゆけば、必ず良い成果につながってゆくだろう、ということであります。俗に"継続は力なり"と言いますが、そういったくり返し、繰り返し養いを得てゆくということが、非常に大きな力になるだろう。それが何か"構えた"ところでやるのではなくて、日々私たちが生活の中で、接するものに対して、そうゆう目を向けてゆく、そうゆう感性を向けてゆくということが、大事だろうと思います。そのように意識を向けてゆくことが、私たちの中で、そういった感性を研ぎ澄ます「砥石」になっていく、と考えることができます。私たちがもし、何に対してもすぐ言葉による説明を求めるとすれば、それはこうした感性が失われつつある証ではないかと思います。

"まことに日常普段に美を見出す人こそ幸いなる哉"

〈心のカメラ〉（達）

「世界思想」37号　世界思想社　2010

最後に引用していますのは、「世界思想」という、京都の「世界思想社」から出ている雑誌のコラム欄で、これはコラム執筆者の名も、雑誌編集者の名も書いていないという、不思議な冊子でありますが、その巻頭に夏目漱石の「草枕」から、"心のカメラ"という漱石の言葉を引用しています。ふと目に留まったものが、印象深くわれわれの心のカメラに（ぴしゃりと）焼き付けられる、ということを言っているのですが、そのことを取り上げて、心のカメラが非常に大切だということを、このコラムは言っています。その結びに"まことに日常普段に美を見出す人こそ幸いなる哉"と言っていますが、これはまさにそうだと思います。

私たちが、何か"構えて"美しいものに接するということではなく、私たちのごく普通の日常生活の中で、（たとえささやかであっても）美しいものを見出し、それを"心のカメラ"を通して焼き付けていく、と言う積み重ねが私たちが美しいものを求めて

図－4　新宿ルミネ　2016・08
そして多分私たちの人生も

ゆくための、大きな助けになって行けばよいのではないかということです。

まさに日常生活の充実こそがカギである、ということであります。

以上、"6＋α"の言葉を引用しながら、そこから派生してくる話をしました。この話自体も、6＋αの言葉も連続していなくて、たまたま選び出した言葉でありますから、これらの間も飛躍しています。それをどう飛躍するかということは、今日お聞きいただいたみなさんが心の中で、それぞれの飛躍を見出して頂ければ、幸いと思います。

以上で私の話は終わります。ありがとうございました。

■

2016-12-03　於：アルカディア市ヶ谷（私学会館）

図－5　多摩ニュータウン（B-3）落合・鶴牧地区　"異形化"された「モール」（富士見通り）端部と、「モヒカン」(街区公園のマウント) の初期的イメージ　1978
「多摩ニュータウン－10・11住区」1978報告書　日本住宅公団南多摩開発局

CHIKURA シリーズ #1 花器 A — (TORSO) 2010 17
千倉の海岸で拾った孟宗竹の根（流竹！）を使った花入れ。(h：485mm　台込み)
"角"は切り落とした同材から削りだしたもの。水を入れる中子はスプレー缶をカットしたものをはめ込んでいる。台は古材。上下をつなぐ脚は錆びた五寸釘。廃材を寄せ集めたようなこの作品は、いかにも即興で造られたように見えるが、最初の竹との出会いからこのかたちにまとまるまでに、6か月以上かかってしまった

■ドリアンの香り

2016－09　のまえがき

　それは、1990年代の秋だった。私は仕事で関西に行き、新幹線で東京に帰る途中だった。日が暮れかけ、丁度関ヶ原を過ぎた辺りで、ふと上空を見上げると、灰色の細長い紡錘形をした大きな雲が、線路上空を斜めに横切っていた。何気なく見上げていると、雲のどてっ腹に、無数の小窓が開き、黄色い光が漏れてきた。そこから、無数のアリの頭がのぞいたのだった‼

　そして、この物語が始まった…

　と言いたいところだが、この物語の原稿は1990年代の終り頃、ワープロで書かれ、データはフロッピーディスクに入れられていた。その後、ワープロはパソコンにとって代り処分された。フロッピーも引っ越しのごたごたの中で、行方不明である。

　たとえ見つかったとしても、ソフトが違うため読むことはできない。唯一のプリントアウトは、2000年頃知人に見せたところ、面白いと言って持って行ってしまったきりになっている。とっくに今頃は紙屑籠に消えているだろう。という訳で、わずかに残されたメモ書きと、記憶によってその概要をお伝えするのが精一杯である。

　〈ドリアンの香り〉と題された物語はこうだ。

　「1980年代に入って、各地で"空飛ぶカレーパン"が目撃された。(話は既に起こった事として書かれている。これはマイクル・クライトンの〈アンドロメダ・ストレイン〉の手法に習ったものだ。)それは、黄色い巨大な"カレーパン"が、無数のアリに体をくすぐられ、黄色い吐息を吐きつつ、身もだえながら飛んでゆく身の毛もよだつような、恐るべき光景であった。カレーパンが目撃されてから、しばらくたって、各地の大銀行が襲われ、多額の金が奪われるという事件が相次いだ。数少ない目撃者の証言によれば、"犯人"は、何れも黒メガネをかけた、アリによく似た集団であったという。現場にはかすかにタマネギの腐ったような、ドリアンのような匂いが残されていた。その後、その金がフィリピン、ネグロス島のサトウキビ畑で重労働に追われている子供たちの支援に、ある集団を通じて流れたらしい、ということが分かった。(子供たちと黒メガネの集団の関係は、明らかになっていない。サトウの生産を安定させるためとも、子供たちの中の、ある女の子が大雨の時、アリを助けたためとも噂されているが、いずれも憶測の域を出ない。)

　さらに、世界中でサトウが買い占められ、サトウ不足が深刻となり、その結果人工甘味料メーカーの株が高騰した。その頃人工甘味料メーカーの株は、ほとんどあるグループに押えられていたことが分かっている。株価がピークに達したころ、一斉に売り出され、またも多額の金がどこかに動いた。グループの代理人の話によれば、グループの担当者は黒メガネをかけ、アリによく似た容貌であったという。

　程なくして、OPECがあるオペレーションに取り掛かった。石油の売れ行きを懸念したOPECは、太陽とある取引をしたのだった。それは、北半球（金持ちが多い）の冬に、太陽が数か月間雲隠れをする。その結果気温は上がらず、寒い冬となるので、暖房用の石油の需要が高まる。それに対してOPECは、多額の謝礼を支払うというものだった。協定はめでたく結ばれたが、その冬になっても、太陽は出続けた。OPECは騙されたことに気付いたが、謝礼はすでに前金として支払済みであった。OPECの代理人によれば、交渉の席に現れた太陽は、黒メガネをかけていた。

（OPECの代理人も黒メガネをかけていた。何しろ間近で太陽と向き合うのだから、やむを得なかった。）誰も太陽の素顔を見たものはいなかったので、"その太陽"が本物か偽物か判断はつかなかった。OPECの代理人は後に、その太陽がなんとなく威厳に欠けるような気がした、と述懐している。そして、かすかなドリアンの香り（代理人の好物であった）を覚えていた。その後、ヨーロッパの各地の美術館から、相次いで国宝級の美術品が盗まれるという事件が起こった。いずれも短期間で美術品は戻ったが、その間に多額の金が、スイスのある団体を通じて、どこかに消えてしまっていた。美術館の防犯カメラは、何れも機能していなかった。犯行時刻と思われる時間帯の映像は、全てノイズが激しく、判別不能だった。あるカメラに一瞬、黒メガネをかけたアリに似た姿が映っていたので、"彼ら"の犯行であることが判明したが、それ以上のことは分からなかった。スイスの団体の代理人は、当局の調べに対し、依頼人が黒メガネをかけた、アリに似た人物"であったと証言しているが、取引は何時もテレビ電話を通じて行われ、所在は分からないということだった。テレビ電話の情報は、当局に押収され分析されたが、バミューダのペーパーカンパニーが関わっている、ということ以外結局何もわからなかった。1980年代の終りに、フランス上空にカレーパンが現れた。スクランブル発進したフランス空軍のミラージュ戦闘機3機が、カレーパンに着陸を（フランス語と英語で）命じたが、無視された。空軍は、戦闘機に撃墜命令を出し、ミサイル3発が撃ち込まれた。カレーパンは煙（黄色の）を吐いて、ブルターニュ地方の広大な畑の中に不時着した。この時点で、フランス政府はたちまち窮地に陥った。脅迫があったのだ。"人質"になったのは、ルーブル美術館ともエッフェル塔とも言われているが、真相は明らかにされていない。フランス政府は辺り一帯を立ち入り禁止とし、地元目撃者を隔離、箝口令をしいた。例外が無かったわけではない。たまたまその近くに行っていた、フランスの建築家、デザイナーのフィリップ・スタルクは、1990年に東京の吾妻橋に"金色のウンコ"を建て、カレーパン目撃の証とした。その後カレーパンは離陸をし、機影はフランスのレーダーから忽然と消え、行方不明となった…。」話はここで終わる。

タイトルとなった、ドリアンの香りと黒メガネの集団の関係は、最後まで分からなかった。

但し、この概要は"中抜き"である。メモに残されていないエピソードが、いくつかあるはずであるが、今となっては記憶も薄れ、その途方もない話を、お伝えすることは叶わない。■

泰　2011　練馬の家にて

■結びにならない結び 〈17－RXⅢ〉 2017

　何時のころからか、私の仕事での考え方や、かたちの選択を通じて、結局自分が"Modernism"の申し子に他ならない、ということを強く意識するようになった。

　私が建築などに興味を抱くようになったのは、直接的には、建築家になった兄の影響といえる。高校生の頃には、神田の古本屋へ行って、古い建築雑誌を漁ったり、大学に入ってからは、新宿の「紀伊国屋」書店（前川国男の設計になる、木造2階建ての建物であった）の2階の洋書売り場へ週末ごとに通って、Le Corbusierの作品集をむさぼるように"眺めた"ものだった。当時洋書は高く、めったに買えるものではなかったため、Corbusierの作品集は、もっぱら建築を目指す人々の立ち読み（立ち見）の対象であり、本はすでにかなり傷んでいたが、書店側はそのまま人々の立ち読みを許してくれていた。Corbusierの作品集のみならず、当時の建築関係の雑誌や本のほとんどは、"Modernism"のプロパガンダであったといってよい。当然、私もそうした"教育環境"のなかで、Modernismに染まっていった。「造園」を選び、"都市づいて"からもModernism的思考から出ることはなかったと思う。2000年代に入って、改めてModernismを振り返る機会、あるいは振り返らされる機会がいくつかあって、（「ランドスケープ研究」P94）そこで私の中のModernismとは何であったかを改めて考えた。その中で、産業革命以降の新興ブルジョワの台頭を背景とした、彼らの力の源泉としての、規格化、工業化という"父親"と、彼らのイコンとしての、モダンアートという"母親"に出会った。そしてこの二親こそ、私の思考なり選択を支配していた、"刷り込"の正体であるであることに気が付いた。とはいえ、このことは決して私にとって、ネガティヴな状況ではなかったし、今でもない。むしろ"Modernist"であった自分の姿を再度確認してみたい、という気にさえなった。

　ここに出した〈17－RX〉は、学生時代1959年の〈59－RX5〉(P15)という住宅スタディの、今日的再解釈である。〈59－RX5〉は、当時提唱した「三つの床」(P14)という理解の具象化であるが、O・ニーマイヤーとR.Bマルクスへのオマージュでもある。ニーマイヤーのRioの自邸の引用であり、それを一般的市街地の中にセットする仕掛けの模索という、極めて解り難い試みであったといえる。要するにこれはニーマイヤー邸を、あの素晴らしいロケーションから引き離し、「何時でも、何処でも」持って行ける商品とするという、極めて"Modernism"的トライアルという解釈もできるだろう。

　〈17－RX〉は、この〈59－RX5〉を下敷きにしつつも、この50年近い時間の堆積の中で、私が得てきたものを反映している。〈17－RX〉は、当初住宅地内に立地する「コートハウス」としてスタディが始まった。基本的な考え方は、自由なフォームの中に"住宅"を押し込むという〈59－RX5〉の考え方とは変わり、様々な機能を背負うシステム化されたユニットが敷地境界に沿って並び、それらをつなぐ吹き放ちの大空間である多目的スペースが設定された。

　この中央の吹き放ちのスペースには、これまでの東南アジアの旅の経験が反映されている。とはいえ立地を選ばない「コートハウス」とすることで、ニーマイヤー邸の持っていた、建物とサイトの一体性は失われ、単にModernismのイコンとしての、自由なかたち持つ建物以上の意味はなくなった。〈17－RXⅡ〉は、80坪弱の敷地を想定していた〈17－RX〉の考えを、やや敷地規模の大きい「CASA UENO CHIKURA」(p105参照)の敷地（約100坪）に応用してみたらどうなるか、という試みである。つまり「CASA UENO CHIKURA」をリフォームではなく、建て直したらどうなるかという検証でもあるが、プログラムはCASA UENOと全く同じではない。結果はまずまずであったといえる。しかしこの案は、かなりのコストがかかるので、この敷地で建て直すことは現実的選択とはいえない。もしこれだけコストをかけるのであれば、地価の安い千倉でなら、もっと条件の良い場所を選んでいただろう。したがって必ずしもCASA UENOのオルタナティヴとはいえない。むしろ〈17－RX〉の考え方が、（ただし、コートハウスではなくなったが）様々な敷地でも可能であるという、きわめて"Modernism"的発想の産物と解釈するべきであろう。

O.Niemyer邸 〈Casa das Canoas〉 1953 Rio de Janeiro
(Neues Bauen in Brasilien 1956)

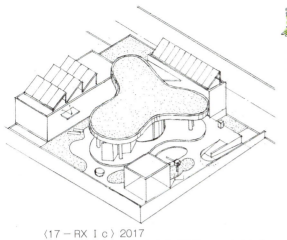

〈17－RXⅠc〉2017
敷地境界に沿って並べられた「機能ユニット」によって構成されたコートハウス（手前側の塀は省略）。これらをつなぐ、開閉できる円形の居間が入る中央の「自由空間の」屋上は緑化される

〈17－RXⅡ〉海側からの全景。居室部分は縦型のシャッターで閉じることができる

室内のスケッチ　シャッターを開け放つと内外一体の空間となる。
Modernismのイコンとしての、コルビュジェ、ミースの椅子。ノグチのあかり

〈17－RXⅡ〉平面図
敷地はCASA UENOのまま

そして結末は。

　このスタディは、最終的にCASA UENOのサイトの弱点（アクセス、インフラ、地形など）を補うべく、ほぼ理想のサイトを想定した〈17－RXⅢ〉に"発展"した。そして、このスタディを通じて、Modernismの中での、父親としての「工業・技術」より、母親としての「Art・美」にシフトしているという、自分の立ち位置が明らかとなり、生活を通じて人とモノ、環境とを結ぶ紐帯、統括原理としての"美"という意識を、最重視しているということを改めて確認した。

"理想的"な敷地を想定した〈17－RXⅢ〉
敷地規模は〈17-RXⅡ〉のほぼ1.5倍になった。基本的空間構成、建築規模は〈17－RXⅡ〉と同じである。手前が海側である

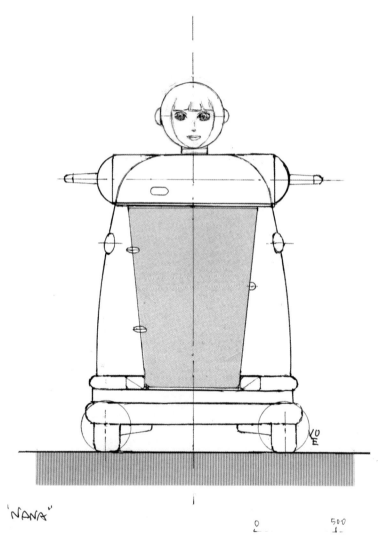

"NANA"

全自動運転　電動パーソナル・ヴィークル
"NANA"　2016
1人乗り用のSLIMと2人乗り用のFATがある

この冊子を、良き友であり、
良き仕事仲間であった、
故松本敏行氏と故山本真三氏に捧げる。

コラボレーション・謝辞

この冊子に収められた作品は、下記の組織ならびに個人のご助力の賜物であり、あらためて感謝申し上げます。（敬称略）

P5/71/76
「西新井ふれあいタウン」：アルテップ・Dワーク・C+A
P11 「石綿スレートを使用した住宅コンペ」：上野　斌
　　「SINJUKU61」：笛木坦・清水政雄・中島宏・都筑直樹
　　　　　　　　・増田栄成
P16/17 「多摩NT自然地形案65」：大高建築設計事務所
P18 「琵琶湖大橋サービスエリア」：スペースコンサルタンツ
P19 「港北ニュータウン基本計画原案」：RIA・都市計画学会
P22－24 「港北NT」MP：宅地開発研究所・オオバ・曾宇厚之
　　　　　　　ささぶねの道：エキープエスパス
　　　　　　　せせらぎ公園：松崎造園設計事務所
　　　　　　　せせらぎ橋：千代田コンサルタント
　　　　　　　スキップ広場：エキープエスパス
P25－27 「多摩NT落合・鶴牧地区」MP：日本都市総合研究所
　　　　　　　・山設計工房
　　　　　　　曾宇厚之
　　　　　　　富士見通り：和計画コンサルタント
　　　　　　　鶴牧東公園：エキープエスパス
P30 「広島市長寿園団地」：大高建築設計事務所
　　「北摂NT」：丹下健三＋URTEC・宅地開発研究所
P31 「桐生新川地区整備計画」：日本都市総合研究所
　　「渋川市民会館」：RIA
P34 「多摩NT稲城地区」MP：日本都市総合研究・山設計工房
　　　　　　　曾宇厚之
　　　　　　　生活環境軸：大石造園設計事務所
　　　　　　　カルチャーパス：大石造園設計事務所
　　　　　　　城山公園：エキープエスパス
　　　　　　　稲城中央公園：あい造園設計事務所
P35/36 「西宮名塩NT」MP：遠藤剛生
　　　　　　　ナシオン広場：ヘッズ（大阪）・志津雅美
P37 「西宮名塩NT」塩瀬中央公園基本設計：ヘッズ（大阪）・
　　　　　　　小林英夫
　　　　　　　実施設計：ヘッズ・遠藤剛生
P38 「港北NT第2地区橋梁」：パシフィックコンサルタント
　　　　　　　計画エンジニヤリング

P39 「港北NT　せせらぎ橋・鴨池公園橋・御影橋」：千代田
　　　　　　　コンサルタント
　　「港北NTささぶね橋」
P39 「港北NT都筑ふれあい橋・多摩NTせせらぎ橋」：日建設計
　　「多摩NT長池橋」：計画エンジニヤリング
P40 「多摩中央公園きらめきの広場」：あい造園
　　　　　　　田中一彦
P43 「多摩NT別所・長池地区」MP：日本都市総合研究所
　　・山設計工房
　　　　　　　曾宇厚之・斉藤邦彦
　　　　　　　せせらぎ：和計画コンサルタント
　　　　　　　駅広：大石造園設計事務所・三橋建築
　　　　　　　設計事務所
　　　　　　　長池公園：東京ランドスケープ
P44 「横浜ドックパーク」：大石造園設計事務所・金井一郎
　　「東京都葛西臨海水族園」：谷口吉生・エキープエスパス
P45 「静岡市青葉通り」：日本都市総合研究所・大石造園設計
　　　　　　　事務所・三橋建築設計事務所
　　「神戸ハーバーランド」：安藤忠雄
P47 「函館港・緑の島」：日本都市総合研究所
P50－52「港北NTシンボル広場」：エキープエスパス
P53 「千葉市原NT」MP：宅地開発研究所
　　　　　　　学園前駅駅舎：三橋建築設計事務所
　　　　　　　京成電鉄営繕（実施設計）
　　　　　　　学園前駅駅前広場：大石造園設計事務所
　　　　　　　扇田橋：長大
　　　　　　　春の道/夏の道：大石造園設計事務所
P58 「北九州学術・研究都市南部地区基本計画」：牧敦司（JUN）
P59 「仙台長町地区基本計画」：荒川俊介・栗生明・山口博喜
P60 「浦安シンボルロード」：大石造園設計事務所
P61 「多摩NT別所・長池地区」堀之内駅前広場：
　　大石造園設計事務所
　　　　　　　同照明：上野淳子
　　　　　　　オブジェ（NIKE）：交通技術
P65 「EXPO 90」：大塚守康（ヘッズ）
P70 「MM21　水際公園」：ヘッズ（東京）・都市開発技術サービス
P72 「京の新しい住まいコンペ」：中村伸之
　　「アーバネックス中京」：現代計画研究所・田瀬理夫・中村伸之
P74 「草加松原団地建て替え計画」：アルテップ
P77 「京都は再生するか」：中村伸之・清水泰博・久光敢
P78/79「多摩NT 19住区」MP：アルテップ・山設計工房・宇野健一

P85 「たちかわ新都心」：アルテップ
「高根台ルネッサンス」：アルテップ・Dワーク
P90 「縣緑園」：中村伸之・四国化成株式会社
P103 「多摩NT きらめきの広場」：あい造園設計事務所・田中一彦・八木ヨシオ
「多摩NT別所・長池地区　せせらぎ」：和計画コンサルタント
「西宮名塩NT　歩道橋」：オリエンタルコンサルタント
P105 「CASA UENO NERIMA」：上野　斌

（注：MP―マスタープラン）

●クレジットのない模型、図版、写真は全てY.UENOによる。

　加えて、この冊子に一文を寄せていただいた、荒川俊介氏、宮城俊作氏、年表のとりまとめをお引き受けいただいた、大石武朗氏、萩野一彦氏、大野暢久氏に感謝いたします。

　さらに、発注者としての日本住宅公団の時代からUR都市機構に至る、旧住宅・都市整備公団の方々たちからの、多大なご理解と支持無くしては、これらの結果はなかったことを改めて思い、感謝いたします。

　特にこの冊子編集のきっかけを与えてくれ、企画委員会の委員長を引き受けてくれた、公団OBの大石武朗氏に心から感謝申し上げる次第です。また、快く委員を引き受けていただいた大塚守康氏、大野暢久氏、加藤修氏、萩野一彦氏、刊行をお引き受けいただいた株式会社マルモ出版の丸茂喬氏、丸茂弘之氏に感謝いたします。

　最後にこの冊子刊行に際しスポンサーとなって頂いた、下記の方々に感謝いたします。

　思えばこの冊子は実に多くの方々の、ご支援無くしては成り立たなかったものであり、この幸せは通り一遍の言葉ではとても表せないものであります。

追記：私のブロンズ作品の鋳造をお願いした広瀬啓二氏、多摩や神戸のサイン計画のグラフィックを担当された、インターデザインの奥田時宏氏は今は亡く、この冊子に掲載した多くのイラストを描いて下さった、建築家の大久保朋子氏も2017年に帰らぬ人となってしまいました。この場を借りてしかしご冥福をお祈り申しあげます。（上野　泰）

編集協力：「上野 泰 自選集」企画委員会
委員長：大石武朗（造園家・樹木医）
委　員：大塚守康（株式会社ヘッズ 代表取締役会長）
　　　　大野暢久（独立行政法人 都市再生機構 都市再生部
　　　　　　　　事業企画室 担当課長）
　　　　加藤　修（株式会社ヘッズ 代表取締役）
　　　　萩野一彦（株式会社ランドプランニング 代表取締役）
　　　　株式会社マルモ出版

本書の出版にあたり、ご支援いただいた企業・個人の皆様
（50音順敬称略）

・株式会社あい造園設計事務所
・アコラ造園株式会社
・株式会社エキープ・エスパス
・大石憲二郎
・大石武朗
・大野暢久
・小川　力
・第一機材株式会社
・萩野一彦
・樋渡達也
・藤井英二郎
・株式会社プレイスメディア
・株式会社ヘッズ

YASUSHI UENO CHRONOLOGICAL GRAPHICS
上野 泰＋UENODESIGN の時代背景 （「上野 泰 自選集」企画委員会 編集）

太平洋戦争　復旧・復興

Part1（〜1962） ／ Part2（1962〜1970）

年	1938	1941	1950	1955	1956	1957	1958	1959	1960	1961	1962	1963	1964
都市計画・ランドスケープに関する事象	・上野泰　東京に生まれる		・日本住宅公団設立（7月）	・日本道路公団設立 ・公団住宅設計基準策定	・日本住宅公団金ケ崎地区（常盤台団地）画整理地区計画地公園緑地計画による整備）	・造園に携わる若い人々の懇談会（北村信正／池原謙一郎／前野淳一郎等）　造園を分離発注 ・都立多摩動物園開園	・設計・施工分離発注の原則 ・東京造園懇話会発足	・造園懇話会第6回を東京で開催	・千里ニュータウン（以下NT）着手 ・多摩NT候補地選定 ・世界デザイン会議 ・全国総合開発計画発表	・住宅団地にペデストリアンデッキの導入 ・東京都市局施設課・公団多摩NT計画開始	・「全国総合開発計画」閣議決定 ・高蔵寺NT計画の研究	・多摩NT用地買収開始 ・日本公園緑地協会社団法人を設立	・㈱近代造園研究所設立 ・造園設計事務所連合会設立（15社） ・IFLA東京大会開催 ・代々木公園競技場設計実施
法律・制度に関する事象		・児童福祉法制定	・広島平和記念公園開園	・首都圏整備法制定 ・首都圏整備計画策定 ・都市公園法公布（児童公園・近隣公園・地区公園等）							・新住宅市街地開発法制定	・厚生省国立公園部設立 ・厚生省に公害課設立
社会動向	・太平洋戦争	・朝鮮戦争勃発	・第2次鳩山内閣成立　ベトナム戦争	・オリンピック ・メルボルン水俣病発生 ・人口9千万人を突破	・岸内閣成立 ・国家保障安全委員会発足	・東京タワー完成	・皇太子殿下ご成婚	・安保闘争 ・ローマオリンピック ・池田内閣 ・所得倍増計画を発表	・日米新安保条約及び行政協定調印	・ケネディ大統領就任	・キューバ危機 ・1千万人を突破東京都の常住人口推定	・名神高速道路開通 ・ケネディ米大統領暗殺 ・黒四ダム完成 ・日本公園緑地協会改称	・東京オリンピック ・新潟地震発生 ・東海道新幹線開業 ・IFLA日本大会

■萩野一彦氏の「現代（1960年代以降）における造園領域の変遷」[1]を読んで

　もともと本書の企画では、年表と共に萩野氏の、この時代が「造園界」にとって、いかなる時代として捉えられるかについての、論説を掲載する予定であったが、時間と紙幅の都合で、断念せざるをえず、この短文で補うこととした。

　氏は「明治以降の近代造園の歴史の中でも、1960年代以降の現代造園の変遷を把握することは、今日の造園を理解するうえで重要である。」と

高度経済成長期（バブル経済）
環境破壊・公害問題

Part3（1970〜1980）

年	造園・NT関連	制度・法令等	社会的出来事
1965	・多摩ニュータウン都市計画決定	・建設省「宅地開発5ヵ年計画」発表	・米機北爆を開始
1966	・多摩NT都市計画変更自然地形利用案決定 ・研究学園都市開発計画 ・研究学園都市緑化計画策定	・首都圏近郊緑地保全法制定 ・古都における歴史的風土の保存に関する特別措置法制定	
1967	・日本造園設計事務所連合設立	・公害対策基本法制定	・四日市ぜんそく公害訴訟
1968	・（明大加藤・日本女子大小川等）港北NTの自然及び立地条件に関する基礎調査	・文化庁設立 ・新都市計画法制定 ・大気汚染防止法制定	・東名高速道路開業 ・メキシコオリンピック ・イタイイタイ病訴訟提起
1969	・多摩NTレクリエーション活動空間利用密度に関する研究	・新全国総合開発計画閣議決定 ・多摩NT新都市開発本部設立	・米人類月面に第一歩 ・アポロ11号 ・東大安田講堂攻防戦
1970	・武蔵丘陵森林公園基本計画コンペ実施 ・多摩NT公園緑地基本計画		・いざなぎ景気 ・日本万国博覧会開催 ・安保闘争
1971	・自主刊行『歴』 ・多摩NT公園緑地基本計画策定	・環境庁設立	
1972	・都市計画研究所で「ランドスケープ」 ・港北NT基本計画立案（グリーンマトリックスシステム） ・多摩NTの表土の保全・活用実施	・自然環境保全法制定 ・新都市基盤整備法制定 ・第五ヶ年都市公園整備閣議決定 ・自然公園法整備	・沖縄返還協定調印式 ・円変動相場制に移行
1973	・多摩NT尾根幹線道路の緩衝緑地整備の開始	・都市緑地保全法制定	・「日本列島改造論」発表 ・田中角栄 ・沖縄海洋博 ・日中国交回復 ・あさま山荘事件
1974	・多摩NT住区面積の30％確保へ ・緑とオープンスペース	・国土庁設立 ・国土利用計画法制定 ・生産緑地法制定 ・環境庁発足 ・協会設立 ・都市計画コンサルタント	・第四次中東戦争勃発 ・第一次オイルショック ・ベトナム戦争終了
1975	・多摩NT多摩よこやまの道基本計画 ・港北NT保存緑地計画の実施及び施設計画開始	・第1回緑の国勢調査発表 （環境庁）	・沖縄国際海洋博覧会開催 ・ベトナム戦争終結

123

し、時代区分を1960年〜1985年の「業態創成〜急成長期」、1986年〜2000年の「職能再確認・模索期」、2001年〜現代を「変革の序章期」として、主に業態、法・制度面を中心にそれぞれのトピック、課題について整理している。

第1期については、宮城氏の「ある意味幸せな時代」[2]という言葉を紹介する一方、平野氏らの「アイデンティティ確立が不可欠」[3]とする警告に触れている。第2期については、閉鎖性、アイデンティティの喪失、スキルの低下に触れ、第3期については、内なる充実と外への発信の模

Part4（1980〜1990）

	1976	1977	1978	1979	1980	1981	1982	1983	1984
	・港北NTせせらぎ基本設計報告書（その1）作成 ・多摩NT地区環境計画実施	・港北NT第二地区緑地資源調査実施 ・多摩NT稲城地区緑地資源調査実施 ・自然環境調査（その1）実施 ・多摩中央公園基本構想競技設計実施	・港北NT公園緑地整備計画報告書作成	・多摩NTセンター地区における公的サイン等の計画・設計・施工	・港北NTせせらぎ公園都市計画学会賞受賞） ・多摩NT落合・鶴牧地区「基幹空間」・（JLCA） ・日本造園コンサルタント協会設立	・港北NTせせらぎ公園都市計画学会賞（マスターデザインコード） ・港北NT多摩センター共同溝設置 ・多摩NT公園緑地率17.1％に ・港北NT周辺基本計画 ・多摩中央公園複合文化施設及び総合緑化計画	・港北NT多摩センター共同溝設置 ・多摩NT市民参加型児童公園計画	・多摩NTの緑のオープンスペース ・緑の都市賞	・多摩NT公園緑地、緑道率31％
	・都市公園法改正 ・第1回造園施工管理技士検定設定 ・都市緑化推進対策要綱制定国営公園制度設定	・第三次全国総合開発計画／定住圏構想・緑のマスタープラン策定の推進	・広島平和記念公園事業の創設 ・防災公園		・住宅・都市整備公団に統合 ・ラムサール条約締結	・住宅・都市整備公団の設立（公園緑地部設立）		・第一回全国都市緑化フェア（大阪） ・ラ・ヴィレット公園国際コンペ	・緑の倍増計画（東京都）
	・ロッキード事件発覚	・企業倒産過去最高を示す	・日中国交回復 ・円高1ドル180円突破 ・成田空港開港 ・日本世界一の長寿国となる	・第二次オイルショック ・東京サミット	・イランイラク戦争	・スペースシャトル打ち上げ ・神戸ポートアイランド博覧会	・東北・上越新幹線一部営業開始	・三宅島噴火 ・中国自動車道全線開通	・ロサンゼルスオリンピック ・人口一億二千万人突破

124

索に「変革の序章」を期待しつつも、依然として他分野とのコラボレーションに不可欠なスキルアップが求められるとしている。注目すべきは、それぞれの時代の課題についての指摘である。各時代区分に共通して指摘されているのは、「業界の閉鎖性」、「アイデンティティの確立」、「他分野とのコラボレーション能力の不足」という問題であり、実にこの60年間同じ議論が蒸し返されてきたことが分かる。その背景として、この社会が小さなグループに閉じこもり、前（後）の世代、他のグループ、他分野とのコミュニケーションが圧倒的に不足しているのではないか、とい

	バブル経済崩壊 オイルショック								
				Part5（1990〜2000）					
	1985	1986	1987	1988	1989	1990	1991	1992	1993
	・多摩NT唐木田地区環境計画 ・多摩NT落合・鶴牧地区都市計画学会賞			・多摩NTサイン計画作成業務委託 ・港北NT保存緑地活用保全計画	・多摩NT四谷見附橋長池公園に移設計画	・西宮市ナシオン広場、創造都市空間 ・港北NT・タウンセンター公共空間基本設計		・多摩NT黒川地区動植物保全計画 ・港北NT道路等基本計画 ・港北NTシンボル広場 ・シンボルタウンセンター第1・2地区	・多摩NT落合・鶴牧地区造園学会賞
	・（社）日本造園コンサルタント協会（社団化） ・第四次全国総合開発計画	・第4次都市公園等整備5ヶ年計画	・総合保養地域整備法（リゾート法）公布 ・第4次全国総合開発計画策定	・リゾートパーク整備事業の創設		・（財）都市緑化技術開発機構設立	・生産緑地法改正第5次都市公園整備5カ年計画 ・特定街区内宅地の活用 ・発足JUDI都市環境デザイン会議 ・創設国立公園制度（環境庁）	・都市計画マスタープランの策定義務（都計法改正）	・環境基本法制定 ・ビオトープ事業（建設省）設立
	・関越自動車道全線開通 ・（大阪）つくば国際科学技術博覧会開催 ・IFLA日本大会	・第三原子力発電所事故チェルノブイリ ・円高不況 ・東北自動車道全線開通	・JR発足 ・国鉄分割民営化実施	・青函トンネル開通 ・瀬戸大橋開通	・ベルリンの壁撤廃 ・横浜博覧会開催 ・昭和天皇崩御 ・天安門事件	・東西ドイツ統一両式調印条約に ・大阪「花と緑」博覧会開催 ・国際花と緑の博覧会 ・公共投資基本計画	・湾岸戦争はじまる ・十年 ・バブル経済崩壊バブルが失われた	・国際環境年 ・地球サミット、ブラジルで開催 ・バルセロナオリンピック	・一連の汚職事件 ・皇太子殿下御成婚 ・ラムサール条約 ・細川内閣成立

う問題である。前の世代が何を課題とし、それにどう取り組み、そしてその結果はどうであったか、問題はなんであったかという情報が、全く伝わらず共有されてこなかったという事実である。

人の環境は、時代々々の知のレイヤリングによって形成される。持続的な環境を形成するためには、世代毎のリセットを繰り返す「草本型」ではなく、継承（幹）と革新（葉）を併せ持った「樹木型」のシステムが求められる。そのためには世代を超えた知の共有が不可欠である。新たな「幸せな時代」を迎えるためにも、情報が伝わらないという積年の

					人口減少・少子高齢化 世界環境国連会議（COP10）					
					Part6（2000〜2010）					
1994	1995	1996	1997	1998	1999	2000	2001	2002	2003	2004
・造園学会誌／ランドスケープ研究と改題 ・多摩NT稲城・長峰地区オープンスペース基本計画 ・西宮市ナシオン広場都市景観大賞	・多摩NTライブ長池せせらぎ計画 ・緑の都市賞	・多摩NTライブ長池せせらぎ計画	・港北NT日本造園学会特別賞		・（社）ランドスケープコンサルタンツ協会（改称）		・設計・施工一括発注方式導入検討委員会報告書（国土交通省） ・都市再生本部設置	・登録ランドスケープアーキテクト（RLA）資格制度		
・緑の基本計画制度化 ・都市緑地保全法改正 ・環境政策大綱 ・環境の部目的化 ・都市の緑地保全法改正（建設省）	・（第6次）都市公園等整備5ヶ年計画 ・震災復興の区画整理事業 ・都市緑地保全法の一部改正		・環境影響評価法制定 ・河川法改正（河川環境の整備・保全）	・特定非営利活動促進法（NPO法） ・第五次全国総合開発計画 ・第6次都市公園等整備5カ年計画、2年延長、7カ年計画となる	・PFI法	・地方分権一括法制定	・JABEE認定開始	・都市再生特別措置法制定 ・自然再生推進法	・指定管理者制度 ・美しい国づくり政策大綱 ・景観の内部目的化	・都市緑地三法（名称改正） ・景観緑三法 ・組織変更 ・都市再生機構（UR）に ・住宅・都市整備公団が
・国際環境年 ・基本計画見直し ・公共投資 ・向井千秋さん宇宙へ	・阪神・淡路大震災 ・地下鉄サリン事件		・薬害エイズ問題 ・アトランタオリンピック	・消費税5％に ・ダイアナ元皇太子妃、自動車事故で死亡 ・香港、中国に返還	・長野五輪 ・小渕内閣成立	・三宅島噴火で島民避難	・アメリカ同時多発テロ			

課題をいかに克服するか、という宿題をわれわれは今も背負っていることを忘れてはならない。（上野）

1) 萩野一彦・藤井英二郎（2009）「現代（1960年代以降）における造園／ランドスケープ領域の変遷に関する考察」造園技術報告書2009 No.5 補章
2) 宮城俊作（2001）「ランドスケープの視座」学術出版社
3) 平野侃三・蓑茂寿太郎（1985）「造園領域の変遷と今後の展望」造園雑誌48（4）

	都市インフラ再整備の検討							
	Part7（2010〜）							
2005	2007	2008	2009	2010	2011	2016	2017	2020
・造園CPD制度本格運用	・道路公団民営化（NEXCO） ・国土形成計画法 ・公共工事の品質確保法 ・SEGES認定開始	・観光立国推進基本計画	・低炭素社会行動計画	・地球温暖化対策推進法（改正）	・生物多様性国家戦略			
・京都議定書発効	・郵政民営化法成立 ・愛・地球博	・第2次中間とりまとめ（案） ・中央建設業審議会	・洞爺湖サミット	・COP15（地球温暖化） ・民主党政権交代	・COP10（生物多様性）	・東日本大震災	・熊本地震発生	・トランプ大統領就任	・東京オリンピック

港北ニュータウンマスタープラン検討段階で、グリーンマトリックス幹線の模型作成中の金井一郎（左）、曽宇厚之（中）、上野 泰（右）。
1971・宅地開発研究所（新宿区）にて　　　　　　（撮影者　不詳）

参考資料：住都公団のまちづくり技術体系「オープンスペース編」
発行／平成11年9月　住宅・整備公団都市開発事業部技術年表

上野 泰（うえの やすし）

1938 年　東京都生まれ
1962 年　千葉大学園芸学部造園学科卒業
1963〜64 年　武蔵工業大学（建築学科）兼任講師
1977 年　ウエノデザイン設立
1984 年　多摩ニュータウン落合・鶴牧地区基幹空間
　　　　 設計により日本造園学会賞を受賞
1993〜94 年　千葉大学（造園学科）非常勤講師

UENODESIGN＋YASUSHI UENO
U&U 上野 泰　自選集

2019 年 8 月 15 日発行
編　著／上野 泰
発行者／丸茂 喬
編集協力／「上野 泰 自選集」企画委員会

発行所／株式会社マルモ出版
〒150-0036 東京都渋谷区南平台町 4-8
南平台アジアマンション 708 号
TEL. 03-3496-7046　FAX. 03-3496-7387
Web：http://www.marumo-p.co.jp/

印刷・製本／株式会社ディグ

©2019 YASUSHI UENO
ISBN 978-4-944091-64-5
Printed in Japan
禁無断転載